HISTORIQUE DE LA GUERRE

Fascicule n° 18

PAR

Ferdinand BAUDOUIN

Ancien Officier de Réserve
de paix à Ruffec, Maire de Couture-d'Argenson (2-Sèvres)
Officier de l'Instruction Publique

HISTORIQUE

DE

LA GUERRE

PAR

Ferdinand BAUDOUIN

Ancien Officier de réserve,
Juge de Paix à Ruffec, Maire de Couture-d'Argenson,
Officier de l'Instruction Publique.

DIX-HUITIÈME PARTIE

Les Français progressent au nord de Beauséjour et de Bagatelle.
Les Autrichiens prennent l'offensive dans les Carpathes.
Un ballon captif allemand est abattu à Somme-Py.
Une offensive allemande est repoussée vers Nieuport.
Bombardement de Soissons par les Allemands.
Violents combats au nord de Mesnil-les-Hurlus.
Prise de Saint-Rémy par les Français.
Les Allemands prononcent leur offensive en Prusse orientale.
Bombardement de Reims et de Pont-à-Mousson.
Un zeppelin est détruit dans la mer du Nord.
Violents combats en Pologne et dans les Carpathes.
Les chasseurs alpins s'emparent de la cote 937.
Offensive allemande dans la vallée de la Lauch.
Succès anglais sur la route Béthune-La Bassée.
Les combats continuent en Champagne sur le front Perthes-Beauséjour.

NIORT

IMPRIMERIE TH. MARTIN

Rue Saint-Symphorien

—

1915

HISTORIQUE DE LA GUERRE

5 FEVRIER 1915

Les Français progressent au nord de Beauséjour et de Bagatelle. — Une violente attaque allemande est repoussée au sud d'Altkirch. — Les Monténégrins repoussent une attaque autrichienne en Herzégovine. — Les Autrichiens prennent l'offensive dans les Carpathes.

Situation des armées sur le front occidental

Il n'est signalé aucune action importante sur les rives de l'Yser et sur le littoral de la mer du Nord, pendant la journée d'hier. Les Allemands craignent que les alliés, mettant à profit leur avance sur la grande dune et au nord-est de Pervyse, ne cherchent à prendre une vigoureuse offensive sur la région côtière. Aussi viennent-ils d'amener de nouveaux renforts dans la région de Westende. Leurs avions montrent une très grande activité. Les avions alliés ne restent pas inactifs non plus: le 4 février, ils ont jeté des bombes sur le dépôt du 4e régiment d'artillerie de marine allemande, à Knoke. Quatre autres aéroplanes alliés sont partis le long de la côte et on a entendu des détonations à Sluis, Oosburg et autres villes de la frontière hollandaise.

Nous avons attaqué les Allemands à l'ouest de la route d'Arras à Lille, au nord d'Ecurie, nous leur avons enlevé une tranchée qui gênait les troupes occupant le terrain situé à l'est de la même route et dont nous nous sommes emparés il y a quelques jours.

Les Allemands ont à nouveau essayé une attaque sur Notre-Dame-de-Lorette, dans la nuit du 4 au 5 février, mais ils ont été rejetés dans leurs tranchées.

Nous avons progressé légèrement au nord de Beauséjour, en Champagne, et au-delà de Bagatelle, en Argonne. Dans cette dernière région, une attaque allemande nous avait d'abord refoulés, mais à la suite de vigoureuses contre-attaques, nous avons réoccupé le terrain perdu et enlevé une tranchée allemande.

Les combats continuent en Alsace; ils ont été particulièrement violents dans la journée du 4 et la matinée du 5, au sud d'Altkirch, où nos troupes ont résisté à toutes les attaques ennemies.

Hier, les Allemands ont à nouveau bombardé Pont-à-Mousson et un avion a jeté des bombes sur Saint-Dié, causant quelques dommages et faisant quatre victimes.

F. B.

Nouvelles diverses publiées par les journaux

— Les ministres des finances de France, d'Angleterre et de Russie ont décidé de proposer à leurs gouvernements respectifs : 1° de prendre à leur charge, par portions égales, les avances faites ou à faire aux pays qui combattent ou qui combattront avec eux; 2° le montant de ces avances sera couvert par les ressources des trois puissances et par l'émission d'un emprunt à faire, en temps opportun, au nom des trois puissances; 3° de procéder de concert à tous les achats que leurs pays ont à faire chez les nations neutres.

— On annonce de Buenos-Ayres que le croiseur auxiliaire allemand *Voeman* a été coulé sur les côtes de la Patagonie par le croiseur anglais *Australia*.

— Le chef d'état-major de la marine allemande, von

Pohl, vient de faire connaître aux puissances neutres : 1° que les eaux de la Grande-Bretagne, de l'Irlande et de la Manche sont déclarées région militaire ; qu'à partir du 18 février les navires marchands des nations ennemies seront détruits ; 2° les navires neutres courront les mêmes dangers dans cette zone militaire en raison de l'abus des pavillons neutres fait par l'Angleterre ; 3° la navigation, en dehors de cette zone, ne sera pas exposée à des attaques.

— Des avions allemands ont jeté des bombes sur Cassel, Houdeghem et Wallon-Cappel ; elles n'ont causé ni dégâts ni victimes.

— Des négociations sont engagées entre le gouvernement grec et la Banque d'Angleterre pour une avance de 100 millions faite à la Grèce, avec l'assentiment du gouvernement anglais.

— On annonce qu'un vapeur américain, lourdement chargé, est en perdition sur la côte du Jutland (Danemark). Il se rendait en Allemagne.

En Russie. — Une grande bataille est engagée entre les Allemands et les Russes, sur la rive gauche de la Vistule, sur le front Borjimoff-Voliaschidlovska. Les Allemands ont engagé des masses compactes, afin d'enfoncer l'armée russe. L'état-major fait connaître de Pétrograd que sur un front de dix verstes, dix kilomètres environ, ils ont attaqué avec 7 divisions appuyées de 100 batteries d'artillerie. Non seulement les Russes tiennent bon, mais ils ont réussi à refouler l'ennemi.

Dans les Carpathes, une autre grande bataille continue contre les Austro-Allemands ; on considère l'échec de ceux-ci comme certain.

Des manifestations contre la Roumanie se sont produites le 4 février, à Buda-Pest, devant le consulat roumain.

En Turquie. — On télégraphie du Caire que 12.000 Turcs, appuyés par six batteries d'artillerie, ont pris part au combat d'El-Kautara, contre le canal de Suez. Les pertes turques s'élèvent à 600 prisonniers, 2.400 tués et blessés, 3 mitrailleuses et 90 chameaux.

Documents historiques, récits et anecdotes

LA GRANDE DUNE PRISE PAR LES TURCOS. — De Furnes, le 28 janvier, on mande au *Petit Parisien* :

La grande dune, la fameuse grande dune, l'un des points d'où les Allemands menacent encore Lombaertzyde, a été enlevée, ce matin, par nos tirailleurs algériens. Malheureusement, ces intrépides soldats, ayant ensuite trouvé devant eux un terrain impraticable, durent marquer un temps d'arrêt. Les Allemands en profitèrent pour revenir en nombre et les turcos, devant la supériorité numérique de leurs adversaires, durent regagner leurs tranchées.

C'est à neuf heures du matin que l'attaque commença ; toute la matinée, nos canons avaient tiré normalement et rien ne pouvait faire supposer à nos ennemis que nous allions les attaquer aussi violemment.

Donc, à neuf heures, toutes les batteries installées autour de Nieuport-Bains ouvrirent le feu, un feu si nourri que l'on ne pouvait plus distinguer les coups. Ce fut pendant dix minutes un roulement de tonnerre assourdissant, on ne s'entendait plus parler, puis tout à coup la voix formidable se tut et le silence se fit. Ce temps d'arrêt n'était qu'une ruse de notre part pour faire croire à nos ennemis que notre infanterie allait donner; aussi les Allemands en grand nombre réoccupèrent-ils leurs tranchées et s'apprêtèrent-ils à recevoir nos tirailleurs à coups de fusil, mais nos troupes ne bougèrent pas et ce fut encore l'artillerie qui cracha.

Nous eûmes alors devant les yeux, pendant quelques minutes, un spectacle admirable, tous nos obus venant taper dans la grande dune faisaient monter dans l'air de véritables colonnes de sable. Le bombardement devint si intense que nous croyions avoir devant nous, à quelques centaines de mètres de l'endroit où nous nous tenions, un véritable volcan en éruption, mais un moment après tout se couvrit d'une fumée épaisse et nous ne pûmes plus rien distinguer.

C'est alors que nos tirailleurs entrèrent en action. Ils sortirent de leurs tranchées, gagnèrent au pas de charge le sommet de la grande dune tandis que nos canons allongeaient leur tir. Les turcos arrivèrent ainsi aux tranchées allemandes; nos 75 ayant réduit en bouillie tous les hommes qui les occupaient, les tirailleurs, d'un bond, les franchirent et parcoururent à toute allure l'autre versant de la dune.

Un bataillon de marins allemands qui fuyait devant eux se retourna à un moment donné et tenta de les arrêter, mais l'élan de nos braves soldats était trop grand, il ne put être brisé.

Quarante-cinq marins furent faits prisonniers, les autres furent tués et les tirailleurs continuèrent leur marche foudroyante sur Westende.

Malheureusement, quelques centaines de mètres plus loin, ils rencontrèrent de larges tranchées pleines d'eau, qui les arrêtèrent. Les Allemands qui, surpris par cette attaque à laquelle ils ne s'attendaient pas, avaient pris la fuite à toutes jambes, se ressaisirent et profitant de cet arrêt, revinrent contre-attaquer en rangs serrés. Fusils et mitrailleuses semèrent alors la mort dans leurs colonnes; malgré le feu violent de l'ennemi, nos turcos tinrent bon pendant presque toute la journée, mais à la fin de l'après-midi ils durent regagner leurs tranchées.

Au cours de cette attaque admirablement menée par nos artilleurs, un de nos avions plana sur le front du combat, empêchant les aviateurs ennemis de venir jeter un œil indiscret sur nos batteries.

Dépêches officielles

Premier Communiqué

En Belgique, les avions allemands ont montré une grande activité.

Le communiqué d'hier soir a signalé l'enlèvement d'une tranchée ennemie à l'ouest de la route d'Arras à Lille (au nord d'Écurie); cette tranchée gênait les troupes occupant le terrain gagné par nous, il y a quelques jours, à l'est de la même route; nous l'avons fait sauter à la mine et, immédiatement après, un détachement de zouaves et d'infanterie légère d'Afrique s'installait solidement sur la position conquise. Tous les Allemands de la tranchée prise ont été tués ou faits prisonniers.

Notre artillerie a fait taire les batteries ennemies près d'Adinfer (sud d'Arras), de Pozières (nord-est d'Albert), de Hem (nord-ouest de Péronne), ainsi que dans le secteur de Bailly (sud de Noyon).

Rien de nouveau dans la région de Perthes.

En Argonne, une seule attaque à Bagatelle. Cette attaque, qui nous avait enlevé une centaine de mètres de tranchées, a provoqué de notre part deux contre-attaques qui ont non seulement repris ces cent mètres, mais encore gagné du terrain au delà.

Dans les Vosges, combats d'artillerie.

Sur le reste du front, rien n'est signalé.

Deuxième Communiqué

Dans la nuit du 4 au 5, des fractions allemandes ont essayé, sans succès, de déboucher de leurs tranchées devant Notre-Dame-de-Lorette.

Notre artillerie a exécuté des tirs très efficaces dans la vallée de l'Aisne.

En Champagne, au nord de Beauséjour, nos troupes ont légèrement progressé pendant la nuit; au nord de Massiges, l'ennemi a tenté, dans la journée du 5, une attaque qui a été refoulée.

En Argonne, nous avons consolidé nos positions sur le terrain conquis le 4 à Bagatelle.

En Alsace, une attaque allemande a été repoussée au sud d'Altkirch.

Un avion a jeté des bombes sur Saint-Dié; on signale quatre victimes dans la population civile.

---

6 FEVRIER 1915

Un ballon captif allemand est abattu à Somme-Py. — Un avion allié jette des bombes sur Mulheim. — La lutte devient très violente en Pologne centrale. — Des torpilleurs russes bombardent Khopa (Mer Noire).

Situation des armées sur le front occidental

La journée du 5 février a surtout été consacrée aux duels d'artillerie. Duels dans lesquels, paraît-il, nous sommes toujours victorieux, ce qui n'empêche pas que nos adversaires bombardent de temps à autre certaines villes du front, tout au moins jusqu'à ce que nous ayons repéré leurs pièces d'artillerie lourde.

Nous nous sommes attaqués hier à un ballon captif allemand qui, de Somme-Py, au nord-ouest de Perthes, dominait nos lignes et d'où les Allemands repéraient nos postes et nos batteries. Notre artillerie l'a descendu.

Les communiqués d'aujourd'hui ne signalent pour toute action d'infanterie qu'une légère progression de nos troupes au nord de Massiges, en Champagne. Ce qui ne veut pas dire qu'une inactivité générale a régné sur le front, mais bien que rien d'important ne s'y est passé.

Il est des points où nous sommes continuellement aux prises avec l'ennemi depuis quelques jours, notamment en Belgique, vers La Bassée, en Champagne, en Argonne et en Alsace. Il se trouve dans ces régions des positions importantes qui sont chaudement disputées par les adversaires et il ne se passe pas de jours où le terrain ne soit l'objet d'une attaque par l'un ou par l'autre des belligérants

Il paraîtrait que, dans les Flandres, les quelques beaux jours qui viennent de passer et le retour du froid ont permis à la cavalerie de faire son apparition pour le service d'éclaireurs et que les combats importants du commencement de la semaine nous ont permis d'avancer sensiblement sur la route d'Ostende, le long des dunes. Il est à désirer que le beau temps continue et notre avance n'en sera que plus sensible.

F. B.

Nouvelles diverses publiées par les journaux

— Le transatlantique français *La Champagne* vient d'arriver à La Corogne (Espagne), venant d'Amérique. Le 19 janvier, il fut avisé en mer, par un radiotélégramme, que parmi les passagers se trouvait un Allemand qui avait pour mission de faire sauter le paquebot. L'Allemand fut arrêté; il avait dans sa valise cinq bombes de dynamite.

— On annonce les fiançailles du prince Georges de Grèce, héritier du trône, avec la princesse Elisabeth de Roumanie. Le mariage sera célébré au printemps.

— On annonce de Washington que la population américaine est indignée de la menace allemande de couler les navires neutres dans la mer du Nord et la Manche. Le gouvernement se dispose à protester contre de semblables actes de piraterie.

— On télégraphie d'Amsterdam que deux trésoriers-payeurs militaires allemands ont été arrêtés et transférés à Bruxelles pour avoir détourné des sommes importantes envoyées pour être échangées contre du papier-monnaie.

— On annonce de Vienne que le général autrichien Edler von Appol, commandant le 15° corps, à Sarajevo, vient de mourir.

En Russie. — Le grand état-major communique, à la date du 6 février, que les combats sur la rive gauche de la Vistule ont revêtu un caractère des plus acharné. La lutte d'artillerie est également violente. Les troupes russes se sont maintenues sur la rive gauche de la Bzoura et elles ont pris l'offensive au nord de Vitkovidza.

Dans la lutte désespérée qui a été ordonnée sur le front de Pologne par le maréchal Hindenburg, les Allemands ont perdu 30.000 hommes sur 100.000 soldats d'élite qui étaient engagés sur un front de 10 kilomètres et leur tentative a complètement échoué.

L'armée austro-allemande des Carpathes ne paraît pas avoir plus de réussite dans sa tentative de dégager Przemysl ; les Russes débouchent sur le front Doukla-Wzskow.

On annonce de Bucarest que des forces russes considérables arrivent en Bessarabie pour renforcer les armées d'envahissement de la Bukovine.

On télégraphie de Rome que l'effervescence augmente en Bohême et en Moravie. A Prague, on compte cinq attentats dirigés, depuis le 1ᵉʳ février, contre des personnalités politiques. Les paysans de Croatie et de Slavonie refusent l'argent autrichien, qu'ils considèrent comme n'ayant plus cours.

Documents historiques, récits et anecdotes

UNE BATAILLE NAVALE. — *La fin du « Blücher »*. — L'article qu'on va lire et que publie le *Times*, est dû à un correspondant qui a pu s'entretenir avec plusieurs des blessés du croiseur allemand *Blücher*, coulé récemment dans la mer du Nord:

« Le combat commença à 9 heures précises — heure allemande. Les navires anglais étaient visibles à l'horizon, à une distance de 15 à 16 kilomètres, quand ils ouvrirent le feu. Au début, les coups étaient espacés; les projectiles tombaient en avant du croiseur et soulevaient de hautes colonnes d'eau; celles-ci se rapprochèrent de plus en plus. Les hommes qui se tenaient sur le pont les observaient et semblaient fascinés. Bientôt l'une d'elles jaillit près du navire : formidable, atteignant, a affirmé l'un des survivants, une centaine de mètres de hauteur; elle inonda le pont. Désormais, le tir était réglé et la danse commença.

« Les obus arrivèrent alors très nombreux, accompagnés d'un horrible mugissement. Ils causèrent immédiatement des dégâts. Le matériel électrique fut détruit et le navire se trouva plongé dans l'obscurité la plus profonde. On ne pouvait voir, suivant le mot d'un rescapé, sa main devant son nez. En bas, sous le pont, régnaient l'horreur et la confusion, auxquelles ajoutaient encore les cris et les gémissements, à mesure que les obus crevaient le pont.

« Ce ne fut que plus tard, quand la portée se raccourcit, que la trajectoire s'arasa et que les projectiles percèrent de trous les flancs du croiseur. Tout d'abord, ils paraissaient tomber du ciel; ils passaient au travers du pont et arrivaient même jusqu'à la chaufferie. Les soutes à charbon prirent feu. Dans la chambre des machines, un obus éclata dans l'huile qu'il fit retomber en pluie et des flammes bleues et vertes jaillirent.

« Les hommes se pressaient dans des recoins sombres ; mais les obus les en chassaient et la mort faisait une riche moisson. Le terrible déplacement d'air résultant de l'explosion dans un espace restreint affectait considérablement le moral de l'équipage du *Blücher*. L'air, chaque fois qu'il trouvait une issue, semblait rugir, et tout ce qui était détaché se transformait en un engin mobile de destruction. Les portes étaient sorties de leurs gonds; celles qui étaient en fer étaient gondolées comme des plaques d'étain; au milieu de tout ce chaos, les corps des hommes tourbillonnaient, pareils à des feuilles mortes dans le vent d'hiver, et allaient se fracasser contre les parois en fer. C'était une scène effroyable, dont l'horreur était encore accrue par l'obscurité. Dans la chambre des machines, des hommes furent cueillis par ce terrible déplacement d'air et projetés, pantelants, au milieu des machines.

« Il se produisit aussi d'autres scènes horribles que la plume se refuse à décrire.

« Si c'était terrifiant au-dessous du pont, ce qui se passait au-dessus l'était encore davantage. Le *Blücher* était sous le feu de plusieurs navires. Même les petits contre-torpilleurs le criblaient de projectiles. C'était une explosion continuelle, dit un canonnier. Le navire donnait de la bande quand les bordées de l'ennemi le frappaient, puis il se redressait, oscillant à la manière d'un berceau. Les canonniers avaient subi de si grosses pertes qu'on réquisitionna les chauffeurs pour apporter les munitions. Les hommes se jetaient à plat-ventre pour se mettre en sûreté. Le pont ne présentait plus qu'un enchevêtrement de morceaux de fer. Dans une batterie encore intacte, deux hommes continuaient de servir leur pièce. A mesure que le navire s'inclinait davantage, ils réglaient leur tir en conséquence.

« Quelques-uns, malgré tout, n'avaient pas perdu l'espoir de sauver leur vie; d'autres, au contraire, depuis le début de la bataille, s'étaient considérés comme perdus.

« Le *Blücher* avait continué sa course; mais il était désemparé. On voyait qu'il était condamné. On sonna la cloche qui appelait, le dimanche, les hommes à l'office; ceux qui le pouvaient encore, se rassemblèrent sur le pont, aidant de leur mieux leurs camarades blessés. Certains ne sortirent qu'avec peine des trous qu'avaient laissés les projectiles. Réuni sur le pont, l'équipage attendit sa fin. Il poussa trois « hoch » pour le navire et le kaiser, chanta la *Wacht am Rhein,* après quoi, la permission fut donnée de quitter le navire, plusieurs avaient devancé l'autorisation.

« Les navires anglais cessèrent alors le feu; mais leurs torpilles avaient accompli l'œuvre de mort. Un croiseur et des contre-torpilleurs se tenaient prêts à recueillir les survivants.

« Le *Blücher,* blessé, s'inclina, se renversa et, dans un tourbillon, disparut. »

Dépêches officielles

Premier Communiqué

Il n'est pas signalé d'action d'infanterie dans la journée du 5.

D'Arras à Reims, combats d'artillerie avec de bons résultats pour nous.

Aucune modification de la situation dans la région Perthes-Massiges

En Argonne et en Woëvre, canonnade; notre artillerie a dispersé des convois et mis le feu à un train de 23 wagons.

Rien à signaler sur le reste du front.

Nous avons abattu un ballon captif dans les lignes allemandes, au nord-est de Somme-Py.

Deuxième Communiqué

Les seuls faits notables qui aient été signalés sont :

Le tir très efficace de notre artillerie en Belgique et dans la vallée de l'Aisne et une légère progression de nos troupes en Champagne, au nord de Massiges.

7 FEVRIER 1915

Une offensive allemande est repoussée vers Nieuport. — Les Anglais s'emparent d'une briqueterie vers Cuinchy. — Bombardement de Soissons par les Allemands. — Le ministre des affaires étrangères, M. Delcassé, se rend à Londres.

Situation des armées sur le front occidental

Depuis quelques jours, l'état du terrain s'améliore en Belgique, les alliés en profitent pour donner un peu plus d'activité à leurs opérations dans les dunes. La cavalerie algérienne se multiplie; les Allemands ont également amené des hussards et des uhlans. Le communiqué du 7 février signale plusieurs attaques allemandes effectuées dans la région de Nieuport, attaques qui toutes ont été repoussées; dans les terrains submergés, l'ennemi s'est encore servi de radeaux pour s'approcher de nos lignes. L'emploi des radeaux n'a pas eu plus de succès qu'autrefois, ceux qui les montaient étaient tous tués avant d'avoir atteint le but.

Les Allemands ont renforcé leurs lignes dans la région d'Ostende et de Zeebrugge par des troupes venues de Bruges et d'Anvers. Notre avance dans cette région est très lente mais cependant très préjudiciable à l'ennemi, en raison de ce qu'elle menace ses moyens d'action sur les côtes anglaises par les ports relativement rapprochés de la Belgique.

Deux autres petites actions d'infanterie sont également signalées. La première, à l'est de Cuinchy, résulte d'une attaque anglaise contre une briqueterie placée entre le canal et la route de Béthune à La Bassée, où les Allemands s'étaient fortifiés. Cette position a été brillamment enlevée par les Anglais.

La seconde est un échec allemand contre nos tranchées au nord de Beauséjour. L'attaque a été effectuée par deux compagnies ennemies qui sont venues se briser contre la résistance de nos troupes.

En général, sur le front occidental, on ne signale depuis quelques jours que des combats d'une importance secondaire; l'attention de l'Europe est momentanément concentrée sur les champs de bataille de la Pologne et des Carpathes, où nos alliés les Russes se couvrent de gloire.

F. B.

Nouvelles diverses publiées par les journaux

- Le général Riccioti Garibaldi est arrivé à Paris, gare de Lyon, hier, 6 février, à 7 h. 35. Paris lui a fait une réception enthousiaste.
- On annonce de Copenhague qu'un torpilleur allemand s'est échoué sur la côte à Ole-Moen; on le considère comme perdu. On croit qu'il a touché une mine flottante.
- D'après une haute personnalité belge qui arrive de Bruxelles, le cardinal Mercier est toujours prisonnier dans son palais épiscopal de Malines; toutes communications avec le dehors lui sont interdites.
- Un avion allemand a survolé Montdidier le 5 février; il a jeté quelques bombes, dont une sur l'hôpital.
- D'autres avions ont survolé la région de Béthune le même jour.
- Le 6 février, des aéroplanes anglais et belges ont survolé Zeebrugge, défiant les canons allemands. On annonce même de Rotterdam que le 4 février un aviateur anglais a détruit à Zeebrugge un sous-marin qui était amarré au môle.
- La *Gazette de Francfort* annonce que le conseil de guerre de Strasbourg a lancé un mandat d'arrêt contre le

docteur Adolphe Arbogast, médecin à Sâales, inculpé de haute trahison.

— Le conseil de guerre siégeant à Essen a condamné à mort le soldat prisonnier Xavire Knepfle, né à Soultz (Alsace), pour s'être engagé en France au moment de la mobilisation.

— Un autre prisonnier, le soldat Lescuyer, a été condamné à deux ans de prison pour avoir, étant à l'hôpital, déchiré un portrait de l'empereur Guillaume.

— Sir Lomer Gouin, premier ministre de la province de Québec, vient d'envoyer à M. Hanotaux, président du comité France-Amérique, une somme de 200.000 fr. pour secourir les populations nécessiteuses de France.

— Il se confirme, dans les milieux italiens, que des officiers allemands sont à la tête des colonnes bédouines dont l'effectif s'élève à 20.000 hommes, et qui sont concentrées sur les frontières de la Cyrénaïque, prêtes à envahir l'Egypte.

En Russie. — La bataille continue, toujours violente, dans la Pologne centrale. Les armées russes résistent victorieusement dans les Carpathes. En Bukovine, elles se retirent sur des positions fortifiées jusqu'à ce que leurs effectifs soient suffisants pour reprendre la marche en avant dans des conditions plus avantageuses.

En Turquie. — L'armée turque destinée à envahir l'Egypte opère une retraite d'autant plus difficile que des forces anglaises ont détruit les puits sur lesquels les Turcs comptaient pour s'approvisionner d'eau. En outre, des avions anglais s'occupent à détruire les approvisionnements de l'armée en retraite.

Documents historiques, récits et anecdotes

LE MARÉCHAL VON HINDENBURG. — Le correspondant d'un journal américain qui revient de Pologne fait le récit suivant des pérégrinations au quartier général de von Hindenburg :

« Sur le front russe, il y avait beaucoup d'animation. On ne parlait que de Varsovie, et Hindenburg, le dieu des soldats allemands, avait promis qu'on y serait avant la fête du kaiser. J'avais demandé à voir Hindenburg, mais après qu'on m'eut promis la primeur d'une sensationnelle interview avec le vainqueur, on me prévint que la situation militaire ne permettait pas au maréchal de faire des déclarations. J'en conclus que cela allait mal.

« Vous vous rappelez, sans doute, qu'Hindenburg était à la retraite, et même en disgrâce avant la guerre, et savez-vous pourquoi ? Simplement parce qu'aux grandes manœuvres, il y a trois ou quatre ans, l'armée qu'il commandait avait complètement battu celle que commandait l'empereur. Lorsque la guerre eut commencé et qu'on s'aperçut que l'Allemagne avait une grande armée, mais non de grands généraux, on le rappela et humblement il revint.

« Hindenburg a deux passions : les chiens et le tabac. Il fume constamment et il a sur son petit lit de camp un paquet de cigarettes et des allumettes toujours prêtes. La nuit, lorsqu'il a des insomnies, il fait de la stratégie et fume. Après quoi, après avoir battu les Russes sur le papier, il s'endort tranquille.

« Pour les chiens, c'est une autre affaire. Il fait une collection. Les beaux chenils des châteaux polonais ont naturellement été mis à contribution sans l'ombre d'un scrupule, et les officiers et soldats qui veulent se faire bien voir savent ce qu'il faut rapporter au quartier général. Rien ne vaut un beau chien pour s'attirer les bonnes grâces du commandant en chef. L'autre jour, un petit convoi de dogues polonais partait du quartier général pour Hanovre, où habite actuellement la maréchale de Hindenburg. Un officier d'ordonnance accompagnait les bêtes et il était muni d'un passeport spécial signé par Hindenburg. Inutile de dire que le chenil du maréchal à Hanovre compte de fort beaux spécimens pour le prix que cela lui coûte.

« En revanche, Hindenburg a deux haines : les géné-

Fascicule 18

raux autrichiens et les ministres prussiens. Il traite les premiers à la prussienne et s'amuse à contrecarrer tous leurs ordres. N'est-il pas leur supérieur. Rien ne peut dépeindre la joie qui se marqua sur le dur visage du maréchal lorsqu'il apprit la formidable et honteuse raclée des Autrichiens en Serbie et la disgrâce de Potiorek. Quant aux ministres prussiens, Hindenburg ne veut pas les voir à son quartier général. Dernièrement, deux sous-secrétaires arrivèrent de Berlin. Il les reçut froidement, et pour s'amuser un peu, il les mena dans son auto sur la ligne même du feu. Les sous-ministres n'osèrent pas d'abord protester, mais lorsqu'ils entendirent les balles russes siffler à leurs oreilles, ils prièrent le maréchal de faire arrêter la voiture: « C'est absolument impossible », dit-il; cependant, au bout de quelques instants, la situation devenant de plus en plus périlleuse, il eut pitié de ses visiteurs et fit retourner l'auto au quartier général. Trois jours après, il recevait de Berlin une proposition tendant à faire donner aux deux sous-secrétaires la croix de fer de 1re classe pour belle conduite au feu; on lui demandait son apostille. « Je ne décore « jamais ceux qui ont eu du courage malgré eux et qui « vont au feu parce qu'ils ne peuvent pas faire autrement. » Les deux ministres n'en furent pas moins décorés par le kaiser.

« On prête au maréchal une amusante boutade : deux de ses principaux collaborateurs ayant été tués au cours d'une rencontre, on lui envoya de Berlin une liste de généraux qui comprenait les noms les plus connus du Rangliste (annuaire militaire); il retourna la liste sans faire choix. On lui dépêcha aussitôt un émissaire. Il y eut une longue conférence et l'envoyé de Berlin le pressait de se décider avec tant d'insistance que le vieux maréchal, impatienté, répondit tout à coup : « Eh bien ! je choisis... Joffre. » La conversation s'arrêta là. »

Dépêches officielles
Premier Communiqué

En Belgique, la journée du 6 a été calme.

Entre le canal et la route de Béthune à La Bassée, à un kilomètre est de Cuinchy, une briqueterie où l'ennemi s'était maintenu jusqu'ici a été enlevée par les Anglais.

Dans le secteur d'Arras, au nord d'Ecurie, les batteries allemandes ont bombardé la tranchée conquise par nous le 4 février, mais il n'y a pas eu d'attaque d'infanterie.

D'Arras à Reims, combats d'artillerie où nous avons pris l'avantage.

En Champagne, nous avons repoussé une attaque d'un demi-bataillon au nord de Beauséjour.

De l'Argonne aux Vosges, combats d'artillerie gênés, dans la région montagneuse, par une brume épaisse.

Deuxième Communiqué

Dans la nuit du 6 au 7, l'ennemi a prononcé dans la région de Nieuport plusieurs petites attaques, toutes repoussées.

Rien n'est signalé pour la journée du 7, excepté le bombardement du quartier nord de Soissons.

8 FEVRIER 1915

Echec des Allemands à La Boisselle. — Violents combats au nord de Mesnil-lès-Hurlus. — Les Russes reprennent l'offensive dans les Carpathes. — Le « Breslau » bombarde Yalta. — La flotte russe bombarde Trébizonde (Mer Noire).

Situation des armées sur le front occidental

Les opérations militaires signalées pendant la journée du 7 février indiquent une reprise d'activité sur l'ensemble du front.

Dans les Flandres, les combats d'artillerie succèdent aux combats d'infanterie qui s'y sont livrés les 5 et 6 février et qui ont abouti à une légère avance des alliés au nord-est de Ramscappelle et à l'ouest de la grande dune. On parle d'une nouvelle offensive allemande qui serait dirigée par le duc de Wurtemberg. Cette offensive aurait pour but de reprendre le terrain perdu dans les dunes.

Dans la région d'Arras, nous avons réussi à enlever une tranchée allemande après l'avoir bouleversée par l'explosion d'une mine. Les soldats qui occupaient la tranchée ont été tués ou faits prisonniers.

Dans la nuit du 6 au 7, les Allemands ont tenté un coup de main sur le village de La Boisselle; ils ont fait exploser des mines, puis ils se sont lancés à l'assaut de nos positions avec un effectif que l'on peut évaluer à deux compagnies; ils ont d'abord occupé les excavations faites par l'explosion des mines, mais dans la journée du 7 nous les avons refoulés et nous avons réoccupé le terrain dont ils s'étaient emparés. L'opération a été désastreuse pour l'ennemi, qui a laissé

200 morts sur le terrain, environ la moitié des troupes engagées.

Un combat important s'est livré dans l'Argonne, à Bagatelle. L'action, engagée le 7 février, s'est continuée dans la nuit du 7 au 8. Les Allemands avaient réussi à s'emparer de notre première ligne de tranchées, mais par suite de contre-attaques heureuses nous les avons repoussés. La bataille continue.

Les combats d'artillerie continuent en Alsace d'une façon non interrompue; leur résultat semble favorable aux Français qui dominent l'artillerie ennemie. Les attaques d'infanterie n'ont pas l'importance des jours précédents. Les Allemands déploient une grande activité dans la région de Burnhaupt; ils ont cru prudent de transférer leur quartier général d'Altkirch à Mulhouse.

F. B.

Nouvelles diverses publiées par les journaux

— On télégraphie de Nisch (Serbie) que des soldats autrichiens ont violé la frontière roumaine. Il s'en est suivi un combat qui a duré trois heures. Il y a des pertes des deux côtés.

— On annonce qu'un aviateur allié a jeté des bombes sur Mulheim (grand-duché de Bade), le 6 février.

— Un avion allemand qui arrivait vers Dunkerque, le 7 février, a été abattu aux environs de Malo-Terminus.

— On apprend que le steamer *Chester,* qui avait quitté New-York pour Rotterdam, le 23 janvier, a sombré en pleine mer; son équipage a été recueilli par le *Philadelphie.*

— Un autre paquebot, *Le Thracia,* dont la cargaison est évaluée à 25 millions, est signalé comme étant à la dérive dans la mer Blanche; son hélice est cassée.

— On télégraphie de Saïgon que le nommé Rurth, fonctionnaire de la légation allemande, a été condamné à mort pour propagande antifrançaise et tentative de soulèvement.

— Un américain, M. Mortimer-Shiff, a remis 10.000 francs à M. Laurent, préfet de police de Paris, pour les nécessiteux parisiens.

— La Russie a contracté aux Etats-Unis un emprunt de 125 millions qui a été couvert par quinze banques, dont la banque J. Morgan et Cie.

— On apprend par l'agence italienne Stefani que les banques allemandes et austro-hongroises viennent de consentir, avec l'assentiment de leurs gouvernements, une avance de 150 millions à la Bulgarie. 75 millions seront versés immédiatement et le reste à raison de 10 millions par mois, à partir du 14 avril prochain.

On se demande si cet accord, autorisé par l'Allemagne et l'Autriche, ne masque pas des conventions d'ordre politique et militaire liant la Bulgarie aux empires germaniques.

En Russie. — L'échec allemand sur la rive gauche de la Vistule ne fait plus aucun doute et la lutte ne se continue plus que par des combats d'artillerie. Par contre, une importante concentration de troupes allemandes est signalée en Prusse orientale et il faut s'attendre à de violentes batailles dans cette région.

On peut considérer l'offensive autrichienne dans les Carpathes comme complètement brisée.

En Bukovine, les Russes continuent à se retirer pour des motifs stratégiques que l'état-major seul est à même de connaître, du moins momentanément.

Documents historiques, récits et anecdotes

— Les volontaires britanniques. — La scène se passe au Caire, chez un marchand de tapis.

Un soldat du contingent australien entre, accompagné d'un interprète; il choisit trois carpettes et en demande le prix. « Mille francs l'une et mille cinq cents francs les deux autres », déclare le marchand à l'interprète, qui lui fait alors observer : « Ce monsieur n'est qu'un simple soldat, vous devez lui montrer des articles meilleur marché. »

Mais le soldat insiste pour connaître les prix demandés, et lorsqu'il est renseigné, il tire de sa poche, au grand ébahissement de l'interprète, la somme demandée et emporte les carpettes.

Ce simple soldat est, en effet, un grand avocat de Melbourne qui a abandonné un cabinet lui rapportant 125.000 francs par an pour aller servir son pays. Ce qui n'empêche pas les Allemands de prétendre que l'armée britannique est composée de la lie de la population.

Dépêches officielles

Premier Communiqué

De la mer à l'Oise, duel d'artillerie assez violent dans la région de Cuinchy (ouest de La Bassée).

Au sud-ouest de Carency nous avons réussi un coup de main sur une tranchée allemande qui a été bouleversée par une mine et dont les défenseurs ont été tués ou pris.

Sur le front de l'Aisne et en Champagne, bombardement intermittent; l'efficacité du tir de notre artillerie a été constatée sur plusieurs points.

A l'ouest de la cote 191, nord de Massiges, nos batteries ont enrayé une tentative d'attaque.

En Argonne, une attaque ennemie vers Fontaine-Madame a été repoussée. A Bagatelle, une violente action d'infanterie a été engagée dès le matin par les Allemands. Aux derniers renseignements, toutes nos positions étaient maintenues.

Sur le reste du front, rien à signaler.

Deuxième Communiqué

Dans la nuit du 6 au 7, l'ennemi avait fait exploser trois fourneaux de mine à La Boisselle, devant les maisons du village que nous occupions. Deux compagnies et demie avaient été lancées à l'assaut de nos positions, mais n'avaient pu dépasser les entonnoirs formés par l'explosion.

Au cours de l'après-midi du 7, une contre-attaque exécutée par une de nos compagnies a chassé l'ennemi des entonnoirs que nous avons aussitôt organisés. Les Allemands ont laissé 200 morts sur le terrain.

Au nord de Mesnil-les-Hurlus, dans la nuit du 7 au 8, nous nous sommes emparés d'un bois où l'ennemi était solidement établi.

En Argonne, l'action d'infanterie engagée à Bagatelle s'est prolongée pendant toute la nuit du 7 au 8. Les Allemands, après avoir réussi à progresser, n'occupaient plus, le 8 au point du jour, que quelques rares éléments de notre ligne la plus avancée, autour desquels la lutte a continué dans la journée.

9 FÉVRIER 1915

Prise de Saint-Rémy par les Français. — Un avion allemand est abattu près de Verdun. — Les Allemands prononcent leur offensive en Prusse orientale. — Les Russes abandonnent la ligne des lacs de Mazurie.

Situation des armées sur le front occidental

Ce sont les combats d'artillerie qui ont dominé dans la journée du 8 février; les Allemands n'ont pas essayé d'aborder à nouveau les positions des alliés sur l'Yser; sur plusieurs parties, la région est encore inondée et les opérations sont presque impossibles.

Un combat a eu lieu entre Béthune et La Bassée, l'ennemi avait réussi à occuper un moulin sur une position d'une certaine importance; les troupes alliées, après un violent combat, ont délogé les Allemands et ont réoccupé le moulin.

En avant de Fay, au sud-ouest de Péronne, une petite action de détail est également signalée; les Français ont fait sauter une galerie de mines où travaillaient les Allemands.

La bataille engagée en Argonne, autour de Bagatelle, et qui durait depuis deux jours, paraît momentanément arrêtée, seuls quelques combats isolés sont signalés dans la journée d'hier; le front a été maintenu tel qu'il était précédemment. La lutte est très difficile dans cette forêt de l'Argonne et les troupes rencontrent à chaque pas des obstacles insurmontables.

Sur tout le reste du front, l'artillerie française a combattu efficacement l'artillerie allemande. L'ennemi a encore bombardé Soissons; il s'est servi d'obus incendiaires.

Quoique les communiqués officiels n'en fassent pas mention, les opérations d'infanterie paraissent recommencer en Haute-Alsace et notamment dans la région Ottendore-Moos. Des patrouilles allemandes et françaises longent continuellement la frontière suisse. L'ennemi a, paraît-il, amené de l'artillerie lourde à Moos.

F. B.

Nouvelles diverses publiées par les journaux

— Un grave incident s'est produit à Bruges. Le gouverneur de cette ville a fait enlever par la force les drapeaux et les écussons des consulats étrangers, les consuls ont dû remettre leurs épées. Le motif invoqué est que les consuls refusaient de demander l'exéquatur au gouvernement allemand de Belgique.

— Le 5 février, un avion anglais a survolé le champ de manœuvres d'Etterbeck, près de Bruxelles; un taube, venu à sa rencontre, a été abattu par lui et les deux aviateurs tués. Des milliers de Belges qui assistaient au combat acclamèrent l'aviateur anglais.

— Un aéroplane allemand a survolé Dannemarie le 8 février; il a jeté deux bombes qui n'ont causé que des dégâts matériels.

— On annonce d'Amsterdam que les Allemands concentrent un grand nombre d'aéroplanes à Ghistelles, Bruges, Gand et Thielt.

— Un avion allemand a été descendu, ces jours derniers, près de Gerbeviller, par les feux de salve d'un bataillon territorial. Les aviateurs ont été capturés.

— On télégraphie de Tokio que les Japonais ont saisi à Robé un vapeur norvégien à bord duquel se trouvait le nouveau ministre allemand à Pékin, von Huitze, qui allait rejoindre son poste.

— Un soldat du 52e territorial, Charles Catalan, de Donzère (Drôme), en creusant une tranchée sur le front, a découvert un bocal dans lequel se trouvait 100.000 francs en valeurs belges; il a remis sa trouvaille à son colonel; il vient d'être cité à l'ordre du jour.

En Russie. — La bataille de Borginoff a été un véritable échec du plan allemand dans cette région. L'armée russe, après avoir résisté à la tentative faite pour enfoncer son front du 31 janvier au 6 février, a commencé à progresser le 7 février dans la région de la Bzoura inférieure. Les pertes allemandes sont considérables, elles peuvent être évaluées à 30.000 morts.

L'offensive russe continue également dans les Carpathes contre les armées austro-allemandes et sur le front Meso-Labariz-Lutowk; les Russes, dans une seule journée, se sont emparés de 3.500 prisonniers, dont 60 officiers, et de 11 mitrailleuses.

En Bukovine, la retraite russe continue en vue d'une

concentration pour une nouvelle attaque sur un point bien déterminé.

On annonce de Pétrograd que trois aviateurs russes ont bombardé des trains allemands près de Rawka et leur ont causé des dégâts importants.

En Turquie. — Le 8 février au matin, le *Breslau* s'est approché de Yalta et a envoyé quelques obus sur la ville. Pour répondre à cette attaque, les croiseurs russes furent envoyés dans la soirée à Trébizonde, où ils bombardèrent une batterie turque de huit bouches à feu et coulèrent un vapeur chargé de marchandises.

Documents historiques, récits et anecdotes

— Jusqu'où peut aller la crédulité turque. — *Sa Majesté islamique Guillaume II.* — Le *Terdjiman-I-Afkier*, dans son numéro du 6 décembre, écrit :

« Le discours délivré par Sa Majesté islamique Guillaume II, prononcé la semaine dernière, du trône installé dans l'ancienne Chambre du Parlement français, est un document inoubliable de ses grands exploits. Entouré par les vaincus, il offrit son impériale main à baiser à tous les anciens députés de la Chambre française dont les cœurs étaient touchés par la magnanimité de Sa Majesté islamique. »

Une armée en ballons. — Le *Sabah*, du 3 décembre, publie la dépêche suivante reçue « par télégraphie sans fil au bureau des informations allemandes » :

« Le 1ᵉʳ décembre, 25 ballons allemands sont arrivés à Andrinople et ont emporté à leur destination le 1ᵉʳ corps d'armée ottoman. Nous croyons que les soldats de l'Osman infligeront une écrasante défaite aux infidèles. »

On lit dans l'*Hanumlar Ghazettasch* d'Iskoudar :

« Le harem de Sa Majesté islamique Guillaume II et les harems de ses officiers d'état-major arriveront à Constantinople au début du printemps. Dix des plus puissants dreadnoughts britanniques capturés escorteront le harem impérial. »

Tous les Belges mahométans. — Le *Djerideh-I-Sharkeyeh*, dans son numéro du 8 décembre, écrit :

« Conformément à une dépêche radiotélégraphique reçue de Belgique au bureau allemand, toute la population du nouveau territoire conquis par les Allemands a prêté serment de loyauté à Sa Majesté islamique. La population belge de toutes classes s'empresse par milliers auprès des fonctionnaires allemands et se convertit à la vraie foi islamique. Les Belges transforment volontairement leurs églises en temples mahométans. Puissent leurs bons exemples être suivis par les autres infidèles. »

Le plus âne de tous n'est pas celui qu'on pense. — Enfin, en date du 10 décembre, le bureau allemand de Constantinople publiait le télégramme suivant :

« Conformément à un radiotélégramme d'Amsterdam, le gouvernement britannique a offert à Sa Majesté islamique 2.000 ânes chargés d'or, au cas où elle renoncerait à envoyer sa flotte puissante contre Londres. »

Dépêches officielles
Premier Communiqué

En Belgique, lutte d'artillerie intermittente; Ypres et Furnes ont été bombardées.

L'artillerie belge a détruit une ferme dont les défenseurs se sont enfuis.

Le long de la route de Béthune-La Bassée nous avons réoccupé un moulin où l'ennemi avait réussi à s'installer.

Bombardement de Soissons avec des projectiles incendiaires. Sur tout le front de l'Aisne et en Champagne notre artillerie a efficacement contrebattu les batteries allemandes.

En Argonne, la lutte engagée autour de Bagatelle s'est déroulée dans une des parties les plus denses de la forêt et a pris de ce fait un caractère assez confus; le front a été maintenu dans son ensemble de part et d'autre.

Les effectifs engagés le 7 février n'ont pas dépassé trois à quatre bataillons de chaque côté. Au cours de la journée d'hier, un de nos bataillons seulement a combattu.

En Lorraine et dans les Vosges, actions d'artillerie.

Deuxième Communiqué

Aucun événement important n'a été signalé.

Dans l'après-midi du 8, nous avons fait sauter devant Fay (sud-ouest de Péronne) une galerie de mine où travaillait des soldats ennemis.

10 FEVRIER 1915

Violents combats à La Boisselle, autour de l'ouvrage Marie-Thérèse et dans la forêt de Parroy. — Bombardement de Reims et de Pont-à-Mousson. — MM. Poincaré et Millerand se rendent sur le front. — Un zeppelin est détruit dans la mer du Nord.

Situation des armées sur le front occidental

Une seule action de détail, de peu d'importance du reste, est signalée pour la journée du 9 février, c'est au nord-est de Manonvillers en Lorraine. Un détachement français a rejeté les Allemands dans la direction de Leintrey; ceux-ci ont été poursuivis par nos hussards qui les ont complètement mis en déroute.

Les journaux, qui ne sont pas tenus à la même discrétion que les communiqués officiels, et qui peuvent se permettre de donner des nouvelles qui leur semblent exactes, quoiqu'elles ne soient pas officiellement confirmées, nous annoncent qu'un vif combat est engagé autour d'Ypres, sans avantage marqué d'aucun côté. Ils disent également que les Français se sont emparés, il y a deux jours, de la forte position de Notre-Dame-de-Lorette, monticule disputé par les belligérants depuis plusieurs semaines.

Dans la nuit du 9 au 10 février et dans la matinée du 10, les belligérants ont montré plus d'activité que la veille. A La Boisselle, nous avons fait sauter trois fourneaux de mines puis nous nous sommes emparés du terrain bouleversé. Les Allemands ont aussitôt contre-attaqué, mais nous les avons repoussés à la baïonnette et nous avons conservé le terrain conquis.

En Argonne, autour de Bagatelle, la lutte a repris d'une façon très violente par des tirs d'artillerie et des attaques d'infanterie. On signale notamment une furieuse attaque allemande sur l'ouvrage Marie-Thérèse, attaque qui a été victorieusement repoussée. Dans cette région de Bagatelle et de Bolante les tranchées ne sont parfois séparées que par une distance qui varie de 10 mètres à 4 mètres; tout ce qui se montre est tué net. Les garibaldiens sont chargés de la défense de la partie haute du bois Bolande.

On signale également une attaque allemande à La Fontenelle, dans les Vosges; cette attaque a été arrêtée par des tirs d'artillerie et d'infanterie.

En Alsace, les combats d'artillerie dominent, ils sont suivis de quelques actions de détail d'infanterie.

F. B.

Nouvelles diverses publiées par les journaux

— Le Président de la République, accompagné de M. Millerand, ministre de la guerre, a quitté Paris le 9 février pour se rendre sur le front des armées.

— Un télégramme de Copenhague annonce qu'une importante force navale allemande est concentrée à Dantzig; les navires neutres ne sont plus autorisés à expédier ni télégrammes, ni lettres.

— On annonce de Vienne que l'archiduchesse Zita, femme de l'archiduc héritier, a mis au monde un fils, l. 9 février.

— M. Delcassé, ministre des affaires étrangères, est en ce moment à Londres où il est allé conférer avec s.r Edward Grey.

— Un télégramme de New-York fait connaître que les alliés ont commandé à des maisons américaines pour 2 milliards 500 millions de matériel de guerre.

— Les Italiens fortifient Rhodes et y concentrent des troupes.

— Le général Riccioti Garibaldi a quitté Paris le 9 février pour se rendre à Londres.

— Le capitaine Haïs, commandant le vapeur français Ville-de-Paris, qui vient d'arriver à Dunkerque, déclare que le 4 février il a vu un bâtiment faire explosion à 6 milles au nord-ouest de Dunkerque. Il suppose que c'est un sous-marin allemand; ce bâtiment venait de quitter le port de Zeebrugge et il a dû heurter une mine.

En Russie. — Le grand-duc Nicolas, généralissime des armées russes, dans un rapport publié le 8 février, se déclare satisfait des opérations stratégiques qui ont eu lieu sur l'ensemble du front de bataille.

En Turquie. — Un télégramme d'Athènes annonce que quatre torpilleurs des flottes alliées ont bombardé les forts turcs de Karatapé, dans les Dardanelles. Ils ont tiré 174 obus et ont mis le feu à deux dépôts de munitions.

On communique officiellement du Caire que l'armée turque d'invasion de l'Egypte est en pleine retraite vers l'Est; elle s'efforce de rejoindre les troupes de renfort qui lui étaient destinées.

Des hydravions anglais et français ont survolé la Thrace turque et ont jeté des bombes sur les forts d'Andrinople. Les Turcs sont surpris de ce raid audacieux; ils ne s'attendaient pas à être bombardés par des avions alliés, surtout à Andrinople.

Documents historiques, récits et anecdotes

Un mortier français bombardait nos lignes. — *Nous le reprenons aux Allemands.* — Les « poilus » de la 9ᵉ du 141ᵉ de ligne viennent d'inscrire à leur actif une jolie prouesse : dans la journée du 7 février, ils se sont introduits dans une tranchée allemande située à 100 mètres de notre front et y ont capturé un mortier à grenades qui nous avait été enlevé en 1870 et que les Boches utilisaient contre nous.

Ce mortier pèse — sans son affût — 71 kilos; il est en bronze et lance des bombes de 15 centimètres.

La devise « Liberté-Egalité-Fraternité » entoure la « couronne » : un peu plus bas se détachent les lettres R. F. séparées par un point qui sert de « point de mire ».

Près de la culasse, et au-dessus de la « lumière », on lit cette autre inscription : « Strasbourg le 8-2-1848 »

Voilà un « prisonnier de guerre » rentré dans nos lignes; ce vétéran, auquel nos hommes ont fait fête, aura, sans doute, l'occasion de faire encore parler de lui.

Les « poilus de la 9ᵉ » — braves autant que Méridionaux et Méridionaux autant que braves — ont été chaleureusement félicités par leur chef, le capitaine Maréchal, un Parisien qui paie d'exemple, que ses hommes adorent et suivraient dans le feu.

— Taux des pensions des veuves des militaires tués a l'ennemi. — Le taux des pensions de retraite auxquelles ont droit les veuves et les orphelins des militaires tués à l'ennemi est fixé comme suit :

Officiers.

Général de division	5.250 fr.
Général de brigade	4.000 —
Colonel	3.000 —

Lieutenant-colonel .... 2.500 fr.
Commandant .... 2.000 —
Capitaine .... de 1.650 à 1.950 —
Lieutenant .... de 1.425 à 1.650 —
Sous-lieutenant .... 1.150 et 1.400 —

Hommes de troupe.

Adjudant-chef .... 1.050 —
Adjudant .... 975 —
Aspirant .... 937 —
Sergent-major .... 900 —
Sergent .... 825 —
Caporal .... 675 —
Soldat .... 563 —
Gendarme .... 619 —

Dépêches officielles

Premier Communiqué

La journée du 9 février n'a été marquée que par des combats d'artillerie, assez intenses sur quelques points du front, notamment sur l'Aisne et en Champagne.

Une seule action d'infanterie, peu importante d'ailleurs, est signalée en Lorraine, au nord-est de Manonviller, où un de nos détachements a refoulé des postes ennemis du Remanbois sur Leintrey.

Deuxième Communiqué

Pendant la nuit du 9 au 10, nous avons fait sauter à La Boisselle trois fourneaux de mines et nous avons réussi à occuper les entonnoirs malgré une contre-attaque que nous avons repoussée à la baïonnette.

En Argonne, tirs d'artillerie et lancement de bombes de part et d'autre, notamment dans la région de Bolante et de Bagatelle. Aux dernières nouvelles, on signale une attaque très violente, mais infructueuse, des Allemands sur l'ouvrage Marie-Thérèse.

En Lorraine, à la lisière est de la forêt de Parroy et au nord de cette forêt, nos avant-postes ont facilement repoussé une attaque ennemie.

La petite action signalée dans le communiqué de quinze heures, au nord-est de Manonviller, s'est achevée en une poursuite des Allemands par nos hussards.

Dans les Vosges, à la Fontenelle (Ban-de-Sapt), une attaque ennemie a été enrayée.

---

11 FEVRIER 1915

Bombardement de Nieuport par les Allemands. — Bombardement des gares de Thiaucourt et d'Arnaville par les Français. — Des avions alliés jettent des bombes sur Ostende et Zeebrugge. — Des avions français jettent des bombes sur Dusseldorf. — Le vapeur anglais « Laërtes » est attaqué par un sous-marin allemand. — L'ambassadeur américain est insulté à Berlin. — Violents combats en Pologne et dans les Carpathes.

Situation des armées sur le front occidental

Depuis la mer du Nord jusqu'en Champagne, il n'est signalé, pour la journée d'hier, que des duels d'artillerie; quelques aéroplanes allemands sont venus survoler nos lignes et ont jeté quelques bombes qui n'ont produit que peu d'effets. Il est vrai que nous avons nous-mêmes inquiété nos ennemis par le même procédé, avec l'intention bien évidente de leur causer le plus de dommages possible.

En Champagne, on ne signale qu'une attaque allemande, facilement repoussée, au nord de Mesnil-les-Hurlus.

Le gros effort est toujours en Argonne, autour de Bagatelle. La lutte a été très ardente pendant les journées du 11 et du 12 février et elle se continuait encore l'après-midi de cette dernière journée. Les forces allemandes, que l'on évalue à une brigade, ont exécuté des attaques en lignes de colonnes par quatre, sur un front de 500 mètres, contre l'ouvrage de Marie-Thérèse, mais sans réussir à enfoncer nos lignes. Ces attaques furieuses ont été brisées par le feu de notre artillerie, puis refoulées à la baïonnette par notre infanterie. Les pertes allemandes sont considérables et les nôtres, quoique beaucoup moins fortes, sont également sérieuses.

Dans les Vosges, à La Fontenelle (Ban-de-Sapt), l'attaque allemande a été également très violente, quoique effectuée avec des effectifs moindres qu'en Argonne, deux bataillons environ. Elle commença dans la nuit du 9 au 10 et nos troupes plièrent d'abord sous le choc, mais, dans la journée du 10 février, elles réussirent, par une série de contre-attaques à reprendre la totalité du terrain perdu.

Dans la matinée du 11, nous avons attaqué nous-mêmes les Allemands au sud du château de Lusse (col Sainte-Marie) et par un hardi coup de main nous avons enlevé leurs tranchées de première ligne.

La journée d'hier peut donc être considérée comme favorable à nos armes, puisque nous avons résisté sur l'ensemble du front aux attaques soigneusement préparées et vigoureusement menées par l'ennemi.

F. B.

Nouvelles diverses publiées par les journaux

— Des aviateurs alliés ont survolé l'arsenal de Dusseldorf (Allemagne) et ont jeté des bombes sur des baraquements renfermant du matériel de guerre. L'incendie qui s'est déclaré a causé la destruction d'importants approvisionnements de guerre qui y étaient renfermés.

— On annonce d'Anvers que dans la nuit du 9 au 10 février, 200 soldats allemands ont déserté. A la suite de perquisitions, leurs uniformes ont été découverts chez des civils. Ceux-ci ont été arrêtés comme complices. Un Allemand qui devait transporter 68.000 marks à Capelle a également disparu.

— On fait connaître de Rome que les Jésuites ont élu général le père Lodochowski, frère du général autrichien du même nom, qui combat contre les Russes. Le nouvel élu est favorable aux empires germaniques.

— Le vapeur anglais *Laërtes,* venant de Java et se rendant à Amsterdam, sous pavillon hollandais, a été attaqué en vue des côtes hollandaises par le sous-marin allemand *U-2*; il a réussi à échapper grâce à sa vitesse, mais il a été atteint par deux obus.

— Le paquebot *Wilhelmina*, qui est arrivé hier à Falmouth (Angleterre), venant des Etats-Unis, et transportant des vivres en Allemagne, a été saisi par les autorités anglaises.

Cette décision va être soumise au tribunal des prises.

— Un zeppelin allemand, de construction récente, qui était signalé comme manquant depuis quatre jours, est tombé au large des côtes du Danemark, dans la mer du Nord, pendant une tempête. L'équipage a été noyé et le dirigeable détruit.

— La *Gazette de Lausanne* fait connaître que, dernièrement, des affiches tricolores ont été apposées à Colmar. Ces affiches débutaient par ces mots : « Mort aux Boches! » Elles annonçaient la prochaine arrivée des Français.

En Russie. — Les combats continuent en Prusse orientale, dans les régions de Lasdenen, Ragoupenen et Arsobiala. L'autorité militaire allemande a avisé la population d'Insterburg d'avoir à quitter la ville.

Sur la rive gauche de la Vistule, il n'est signalé aucune modification. Il se confirme que Lodz a été évacué par les Allemands; ils ont fait transporter les dépôts de leur intendance à Kalisch.

Dans les Carpathes, les troupes russes continuent à progresser dans les régions de Doukline, Loupikoff et Oujok.

Documents historiques, récits et anecdotes

— LES PETITS HÉROS. — *Un caporal de* 14 *ans*. — Un négociant de Saint-Servan, M. Pichon, actuellement mobilisé comme sergent au 76e territorial, vient de ramener du front son fils, Victor Pichon, âgé de 14 ans, qui s'y trouvait depuis un mois et venait d'y gagner les galons de caporal.

Le jeune homme partit de Saint-Servan le 6 décembre et, après un voyage mouvementé, arriva près d'Albert le 7 janvier. Là, il tomba en pleine bataille et vit successivement trois marmites allemandes s'écraser près de lui. Son courage l'abandonna alors un instant, mais il se ressaisit bien vite et réussit à se faire incorporer au 62e de ligne. Il ne devait pas tarder à se distinguer. Quelques jours plus tard, en effet, lors de la prise de La Boisselle, il assura par une reconnaissance périlleuse la conquête de trois tranchées ennemies.

A la suite de cet exploit, le colonel le nomma caporal et dès lors, Victor Pichon fut l'enfant chéri du régiment. Aussi instruit que brave, ce jeune héros trouvait dans les tranchées le temps de rimer des poésies, fort joliment tournées et empreintes du plus pur patriotisme. Ce fut ainsi qu'il composa une superbe réplique au farouche *Wacht am Rhein* de nos ennemis.

Victor Pichon comptait bien faire toute la campagne, quand son père est venu mettre fin à son beau rêve. Le colonel du régiment ne l'a vu partir qu'avec regret.

En outre, deux petits Rennais, nommés Dupuis et Delalande, âgés de 14 et 15 ans, sont revenus du front où ils avaient passé deux mois avec l'autorisation de leurs parents. Ils s'apprêtaient, après quelques jours de repos, à rejoindre le dépôt de leur régiment, le 50ᵉ d'artillerie, lorsque, en vertu d'instructions ministérielles, le colonel, à son très grand regret, n'a pu les garder en raison de leur jeune âge et les a renvoyés à leur famille.

Dépêches officielles

Premier Communiqué

Sur tout le front jusqu'en Champagne, duels d'artillerie.

Dans la région du Nord, plusieurs sorties d'avions, de part et d'autre. Les projectiles lancés par les aéroplanes ennemis dans nos lignes n'ont eu aucun effet.

En Champagne, une attaque allemande sur les bois dont nous nous sommes récemment emparés, au nord de Mesnil-les-Hurlus, a été repoussée.

En Argonne, la lutte autour de l'ouvrage Marie-Thérèse a été très violente d'après les derniers renseignements reçus. Les forces allemandes comprenaient environ une brigade; nous avons maintenu toutes nos positions; les pertes de l'ennemi sont considérables, les nôtres sont sérieuses.

Dans les Vosges, brouillard épais et neige abondante.

C'est par une nuit très obscure qu'a été engagée l'action d'infanterie, signalée hier, à La Fontenelle, dans le Ban-de-Sapt; les Allemands y avaient engagé deux bataillons au moins. Après avoir cédé du terrain, nos troupes l'ont repris presque intégralement dans la journée du 10 par une série de contre-attaques.

Deuxième Communiqué

L'ennemi a fortement bombardé Nieuport et les rives de l'Yser, mais n'a causé que quelques dégâts matériels; notre artillerie a efficacement répondu.

Dans l'Argonne, région de Bagatelle, après une lutte violente à coups de lance-bombes qui a duré toute la matinée, une attaque allemande a été dirigée à 13 heures contre l'ouvrage Marie-Thérèse.

Elle s'est exécutée en ligne de colonnes par quatre sur 500 mètres de front, et fut brisée par le feu de notre artillerie et de notre infanterie. L'ennemi a laissé un très grand nombre de morts sur le terrain.

Dans les Vosges, au sud du château de Lusse (nord du col de Sainte-Marie), nous avons, par un coup de main, occupé une tranchée ennemie.

Sur plusieurs parties du front, très vive lutte d'artillerie.

---

12 FEVRIER 1915

Une flottille de 34 avions alliés bombarde Bruges, Zeebrugge, Ostende et Blankenberghe. — Les chasseurs alpins s'emparent de la cote 937 (ferme Sudelle). — Brillante attaque d'un zeppelin par des avions français au sud de Mulhouse.

Situation des armées sur le front occidental

Les communiqués officiels ne nous signalent encore aujourd'hui que quelques actions locales, de l'Argonne en Haute-Alsace. Sur tout le reste du front, principalement en Belgique et en Champagne, les luttes d'artillerie ont dominé. Le généralissime emploie toujours la méthode qu'il a adoptée depuis le début de l'hiver et qui consiste à harceler l'ennemi tantôt sur un point, tantôt sur un autre, en n'engageant que des effectifs restreints, et tout en prenant les dispositions utiles pour résister, s'il est nécessaire, aux actions plus importantes engagées par l'ennemi, avec des effectifs plus élevés.

De la Belgique en Argonne, aucune action d'infanterie, nos avions ont cependant signalé de forts rassemblements de troupes allemandes dans les environs de Lille.

La bataille engagée depuis plusieurs jours autour de Bagatelle et contre l'ouvrage Marie-Thérèse paraît avoir pris fin et l'ennemi n'est pas sorti de ses tranchées dans la soirée du 12 février. Il paraît avoir renoncé à de nouvelles et coûteuses attaques.

Il a essayé, dans la matinée du 12, une attaque vers Arracourt, en Lorraine, mais elle n'a pas réussi.

En Alsace, ce sont les combats d'artillerie qui dominent, notamment dans la région de Moos, Moernach et Pfetterhouse. Une batterie allemande aurait été détruite, il y a quelques jours, près de cette dernière localité. Une brillante action d'infanterie est cependant signalée au nord de l'Hartmannswillerkopf. Les chasseurs se sont emparés d'une hauteur au nord-ouest de la ferme Sudelle. Ce coup de main, habilement exécuté, a surpris l'ennemi et nous n'avons éprouvé que des pertes peu importantes.

F. B.

Nouvelles diverses publiées par les journaux

— Les aviateurs alliés, au nombre de 34, ont survolé, le 11 février, les régions de Bruges, Zeebrugge, Blankerberghe et Ostende. Ils étaient partis de Dunkerque. Tous les pilotes sont revenus indemnes. Deux appareils ont été endommagés. L'aviateur Graham White est tombé à la mer en vue de Nieuport, il a été recueilli par un navire français qui s'est porté à son secours. Au cours de ce raid merveilleux, des bombes ont été jetées sur la gare d'Ostende, qui a été endommagée, et sur celle de Blankenberghe qui a été endommagée. A Middelkerke, les bombes sont tombées sur les positions d'artillerie, à Zeebrugge sur l'usine électrique,

— Des aviateurs allemands ont jeté quatre bombes incendiaires sur Pont-à-Mousson, le 10 février. Un autre avion a jeté deux bombes sur Bruay.

— Des aviateurs alliés ont jeté des bombes sur un hangar à aéroplanes à Habsheim (Allemagne).

— On annonce de Copenhague que le kaiser est rentré à Berlin le 9 février; il a tenu un conseil de guerre auquel ont assisté plusieurs généraux. Il a été question des opérations sur le front oriental.

— On télégraphie d'Algésiras que l'on craint que le torpilleur anglais 93, dont on est sans nouvelles, ne soit perdu par suite de la tempête qui sévit à Gibraltar.

— Le général Riccioti Garibaldi est, paraît-il, venu à Londres pour recueillir une somme de 6 millions de francs destinée à l'équipement d'un corps de 30.000 Garibaldiens qui opérerait dans les Balkans.

— Les torpilleurs 368 et 369, de la défense mobile de Toulon, ont capturé, sur un vapeur espagnol, trois Allemands et 1.900 revolvers, destinés à être débarqués à Gênes. Le tout a été saisi.

— L'ambassadeur des Etats-Unis à Berlin a été insulté dans un théâtre de Berlin, alors qu'il causait en anglais avec d'autres membres du corps diplomatique.

— Mme Leroy-Beaulieu vient d'être informée par un médecin allemand que son mari, capitaine de territoriale, blessé à Soissons, le 13 janvier, est décédé le 19 janvier des suites de ses blessures.

— On télégraphie de Bucarest que le colonel Mircesco, attaché militaire de Roumanie à Berlin, est arrivé à Bucarest, porteur d'une lettre autographe de l'empereur au roi de Roumanie.

En Russie. — En Prusse orientale, la concentration de forces allemandes considérables est définitivement établie; ces forces prennent l'offensive dans les directions de Uilkowwrotki et de Lyck. Les Russes se replient sur leurs positions. On s'attend également à une opération importante en Pologne centrale, sur Varsovie.

En Galicie, la garnison de Przemysl, étroitement resserrée, s'épuise en vains efforts pour faire une trouée.

En Bukovine, 400.000 Austro-Allemands marchent vers la frontière, dans la direction de Nadvornay, avec l'intention évidente de tourner l'aile gauche russe. Une bataille paraît imminente.

Documents historiques, récits et anecdotes

UNE RUSE DE GOUMIERS. — On raconte une curieuse ruse des goumiers pour s'emparer, sur la grande dune, près d'Ostende, d'une tranchée d'où nul ne pouvait s'approcher sans être aussitôt fusillé par les Allemands.

Un matin, six beaux chevaux arabes semblèrent errer à l'aventure entre les lignes françaises et les lignes ennemies. Les Allemands se gardèrent bien de tirer sur eux; ils préféraient et de beaucoup s'emparer des belles bêtes qui arrivèrent jusqu'à leurs tranchées et qui furent prises sans difficulté aucune. Le lendemain, vingt-quatre chevaux s'égarèrent sur le même terrain; ils s'égarèrent à la tombée du jour, quand les formes sont estompées par les ombres du crépuscule et que les silhouettes se distinguent mal; il n'y a pas de cavalier sur les bêtes qui vont à l'aventure et s'avancent vers la grande dune en flairant.

Elles sont à 200 mètres... Quelle nouvelle aubaine !

Soudain, un cri strident se fait entendre, tandis que les vingt-quatre chevaux, semblant obéir au même signal, rebroussent chemin au grand galop, vingt-quatre formes grises bondissent sur les tranchées ennemies. Ce sont les vingt-quatre cavaliers qui, en se maintenant à la manière orientale sous le ventre de leurs bêtes sont arrivés, mousqueton au poing, le plus simplement du monde jusqu'à la première ligne des Boches qu'ils attaquent avec fureur.

La deuxième ligne allemande n'ose pas tirer de peur

d'atteindre ses propres troupes. Il y a du flottement dans la riposte ennemie et cette hésitation a permis à nos fantassins d'arriver et de pousser vigoureusement leur assaut.

Nous sommes, à dix heures du soir, maîtres de la grande dune sans avoir perdu trop d'hommes.

Dépêches officielles

Premier Communiqué

Entre la mer et la Somme, luttes d'artillerie.

Au sud de La Boisselle, l'ennemi a fait exploser une mine à l'extrémité d'une de nos tranchées, où nous nous sommes maintenus.

De la Somme à l'Argonne, on ne signale que le bombardement de Tracy-le-Mont par l'ennemi et l'activité de notre artillerie dans les secteurs de Reims et de Soissons.

En Woëvre, canonnade assez intense du côté allemand devant Rambucourt et le bois de la Hazelle.

Nous avons bombardé les gares de Thiaucourt et d'Arnaville.

Deuxième Communiqué

Actions d'artillerie assez vives en Belgique et en Champagne.

En Argonne, entre Fontaine-Madame et l'ouvrage Marie-Thérèse, l'activité de l'ennemi ne s'est manifestée que par des explosions de mines et par des lancements de bombes auxquels nous avons riposté. L'infanterie n'est pas sortie de ses tranchées.

En Lorraine, nous avons repoussé une attaque allemande vers Arracourt.

Dans les Vosges, nos chasseurs ont enlevé la cote 937, à 800 mètres nord-ouest de la ferme Sudelle (région nord du Hartmannswillerkopf). Ce brillant fait d'armes, accompli sous une violente tempête de neige, ne nous a occasionné que des pertes minimes.

13 FEVRIER 1915

Dix avions allemands jettent des bombes dans la région de Verdun. — Des attaques allemandes sur le bois des Caures, Arracourt et Rauzey sont repoussées. — Les Allemands bombardent Nieuport, Ypres et Tracy-le-Val. — Les Français bombardent à nouveau la gare de Noyon. — Les Russes résistent en Prusse Orientale, région de Lyck.

Situation des armées sur le front occidental

Le général Le Préval, dans la *France*, de Bordeaux, expose que nous traversons en ce moment, sur le front occidental, une période de préparation qui succède à la période d'activité du début de la guerre. Nous travaillons, dit-il, à réparer nos forces et à les augmenter, nous préparons les ravitaillements de l'armée en vivres, en matériel et en munitions, pendant que l'Angleterre envoie des troupes résolues, admirablement armées et équipées. De son côté, l'Allemagne se prépare, mais dans la gêne et l'inquiétude.

C'est bien en effet une période de préparation que nous traversons, en attendant les grandes batailles qui se livreront assurément au printemps.

Les communiqués d'aujourd'hui ne nous signalent guère que des luttes d'artillerie et des combats de tranchées, avec explosions de mines. Il est vrai que nous y sommes habitués et qu'il ne se passe guère de jours sans qu'il soit question de ce nouveau mode de combat.

Dans le Nord, rien à signaler en dehors du bombardement allemand très violent sur Nieuport et Ypres.

Les journaux nous annoncent cependant que les troupes

anglaises, soutenues par des troupes françaises, sont engagées près de Péronne, à mi-chemin entre Compiègne et Arras.

En Lorraine, ce n'est pas une seule attaque allemande qui a eu lieu hier, mais bien deux attaques, l'une sur nos postes d'Arracourt et l'autre sur ceux de Ranzey; elles ont été repoussées toutes les deux.

Un combat assez important a eu lieu hier, en Champagne, dans la région de Souain; nous avions rejeté les Allemands, le 12 juillet, d'un bois qu'ils occupaient, mais dans la nuit du 12 au 13 et dans la matinée de ce même jour, ils ont contre-attaqué avec des forces supérieures et réoccupé le terrain que nous leur avions pris.

En Alsace, on ne signale qu'une violente canonnade sur les positions que nous avons occupées la veille dans la région de Sudelkopf.

F. B.

Nouvelles diverses publiées par les journaux

— On annonce de Rome que deux vapeurs chargés de céréales pour l'Italie auraient été arrêtés par des torpilleurs autrichiens et amenés à Trieste.

— On signale d'Athènes un incident turco-grec. Un agent de la police secrète à Constantinople ayant insulté dans une rue de Péra l'attaché naval de Grèce, le gouvernement grec a exigé : 1° que le préfet de police de Péra présente officiellement et en présence du personnel de la légation ses excuses pour l'incident provoqué par son subalterne ; 2° que l'agent de police coupable soit révoqué et traduit devant un tribunal; 3° qu'un communiqué du gouvernement turc, faisant connaître les sanctions données, soit publié.

Le ministre de Turquie à Athènes a fait connaître que la Porte acceptait les satisfactions demandées.

— Le Président de la République est rentré à Paris ce

matin, retour du front. Au cours de son voyage, il a visité les troupes qui opèrent dans les Vosges et en Alsace. Il a inspecté les ouvrages avancés de Belfort et d'Epinal.

— Des avions allemands ont survolé, le 10 février, Béthune, Nœux et Boslin, et jeté des bombes sur Saint-Pol-sur-Ternoise.

— On télégraphie de Sydney que le gouvernement anglais a demandé en Australie toutes les viandes disponibles en raison des grandes quantités nécessaires à l'armée anglaise et des achats du gouvernement français.

— Le général Foch, commandant en chef les armées du Nord, a été durement éprouvé depuis le début de la guerre. Son fils a été tué à l'ennemi le 22 août et son gendre, le capitaine Paul Bécourt, est décédé des suites de ses blessures en fin août.

— La Banque d'Angleterre vient d'ouvrir une souscription à un emprunt russe de 250 millions de francs.

— Le gouvernement bulgare fait connaître, par l'intermédiaire du bureau de la presse, que l'émotion suscitée par la récente opération financière à Berlin est injustifiée; que Berlin et Vienne n'ont imposé à la Bulgarie aucune condition politique; que le but de l'emprunt est de permettre à l'Etat de faire face à ses engagements financiers. La presse anglaise persiste à croire, malgré cette affirmation, que la plus grande partie de cet emprunt sert à couvrir des fournitures en armes et en munitions faites à la Bulgarie par les empires germaniques.

En Russie. — La bataille continue en Prusse orientale, dans les Carpathes et en Bukovine sans qu'aucune modification importante soit enregistrée sur la situation respective des armées.

En Italie. — On croit plus que jamais à une intervention prochaine de l'Italie dans le conflit, aux côtés de la Triple-Entente. Le 31 mars elle aura, par la combinaison des classes gardées sous les drapeaux, **1.100.000** hommes prêts à entrer en campagne. Elle vient de refuser de vendre 500.000 fusils d'un ancien modèle.

Documents historiques, récits et anecdotes

L'ALSACE ATTEND ET ESPÈRE. — Déclarations d'un Alsacien qui a pu franchir la frontière suisse :

« Nous voulons savoir si les Alsaciens, eux, ont confiance ?

— Mais, Monsieur, toute l'Alsace est sûre du résultat final ! Malgré la rigoureuse surveillance qui s'exerce, on n'ignore rien de ce qui se passe, les habitants sont renseignés par des journaux qui franchissent la frontière on ne sait pas comment et des comités occultes se chargent de répandre les bonnes nouvelles.

« Nous avons connu la proclamation de Joffre; de même que nous savons, lorsque nous pavoisons par ordre, que nous fêtons des victoires allemandes imaginaires.

« C'est ainsi qu'en caractères d'affiche, les journaux locaux ont annoncé que les Turcs avaient chassé les Anglais du canal de Suez et que 165.000 prisonniers russes avaient été faits à Lodz. On annonce aussi souvent des victoires sur l'Yser et en Pologne. Or, le bon sens ne s'y trompe pas.

« Tout cela est très joli, me disait récemment encore une « voisine, mais pourquoi ne nous renseigne-t-on jamais « sur ce qui se passe à deux pas de chez nous ? » Car la population sait très bien qu'on se bat sans relâche dans les Vosges.

« A Colmar, on n'est inquiet que lorsque le canon se tait; puis il reprend sa chanson grave, et la joie augmente en proportion du bruit qu'il fait. C'est bon signe, dit-on, lorsque le bruit de l'artillerie se rapproche.

« Ils avancent lentement, mais sûrement, vient-on encore de nous écrire; déjà des préparatifs sont faits pour le jour de l'arrivée des Français à Strasbourg. Le propriétaire d'un immeuble a retenu toutes les fleurs d'un jardinier pour ses fenêtres.

« Je connais des habitants de Colmar qui ont fait des préparatifs analogues; cela vous montre dans quelle foi l'on vit. »

Dépêches officielles
Premier Communiqué

De la mer à la Lys, les Allemands ont violemment bombardé Nieuport et la région de la dune.

Leur artillerie a tiré sur Ypres dans la nuit du 11 au 12 et sur nos positions à l'est d'Ypres pendant la journée du 12; la nôtre a efficacement répondu.

De la Lys à la Somme, canonnades intermittentes dans la région d'Arras.

Près de Carency, nous avons fait exploser deux fourneaux de mines dans les petits postes ennemis.

Sur la Somme, entre l'Oise et l'Aisne, ainsi qu'en Champagne, grande activité de l'artillerie des deux côtés.

Une dizaine d'avions ont survolé la région de Verdun; les bombes qu'ils ont lancées n'ont causé aucun dommage. Dans la nuit du 11 au 12, deux attaques allemandes sur nos tranchées du bois des Caures, au nord de Verdun, ont été repoussées.

En Lorraine, l'attaque allemande sur nos postes d'Arracourt, signalée dans le communiqué d'hier soir, a été menée par une compagnie, tandis qu'une autre compagnie essayait, sans plus de succès, d'enlever nos postes de Ranzey.

En Alsace, l'ennemi a canonné les positions que nous avons conquises le 12 février dans la région de Sudelkopf; en raison de l'organisation de nos tranchées, les effets de ce bombardement ont été insignifiants.

Deuxième Communiqué

En Belgique, quelques actions d'artillerie.

A La Boisselle, nous avons fait sauter un fourneau de mine dont nous avons occupé l'entonnoir.

Devant Dompierre (sud-ouest de Péronne), l'explosion d'une de nos mines a surpris des pionniers bavarois au travail.

L'ennemi a bombardé les villages de Bailly et de Tracy-le-Val. Notre artillerie lourde a atteint la gare de Noyon.

En Champagne, dans la région de Souain, un de nos bataillons qui avait réussi à s'emparer d'un bois en avant de nos tranchées n'a pas pu s'y maintenir devant une contre-attaque de forces supérieures, la tempête de neige n'ayant pas permis à l'artillerie de l'appuyer efficacement.

---

14 FEVRIER 1915

Nouveau bombardement de Nieuport, Ypres et Reims. — Offensive allemande dans la vallée de la Lauch. — Les Allemands rejettent nos troupes du signal de Xon et occupent le village de Norroy, nous contre-attaquons immédiatement avec succès. — Les Albanais envahissent la Serbie.

Situation des armées sur le front occidental

Dans son ensemble, la situation est toujours la même sur notre front, les grandes batailles se livrent sur le front oriental, entre Russes et Austro-Allemands. Les combats d'artillerie paraissent de plus en plus actifs, surtout dans les Flandres, où les Allemands s'acharnent sur Nieuport, Ypres et la grande dune, et en Champagne où Reims n'est pas épargnée. Nous répondons avec succès aux bombardements allemands et, parfois, nous obligeons leur artillerie au silence.

Les journaux anglais prétendent que nous devons nous attendre sous peu à un vigoureux effort allemand en vue de la prise de Béthune. Les lignes ennemies sont situées à mi-chemin entre Béthune et La Bassée et il paraîtrait que des troupes fraîches sont concentrées à Vendrin et Wavrin et que l'armée du kronprinz de Bavière a reçu des renforts pris aux armées du duc de Wurtemberg et de von Bulow. Comme cette nouvelle ne nous parvient pas de Hollande, elle pourrait être exacte.

La bataille engagée hier au nord-est de Pont-à-Mousson n'est pas encore terminée. Des forces allemandes importantes ont attaqué nos avant-postes au signal de Xon. Nos troupes, surprises, ont battu en retraite et se sont repliées sur la localité de Norroy; elles ont été rejetées de Norroy et les Allemands ont pris pied sur les hauteurs voisines. Dans la matinée du 13 au 14 février, nous avons contre-attaqué vigoureusement, l'ennemi est en retraite et la bataille continue.

En Alsace, dans la vallée du Lauch, au nord-est de Thann, deux colonnes allemandes se sont avancées contre les retranchements français; elles ont été balayées par le feu de notre artillerie et elles se sont heurtées à nos avant-postes qui ont arrêté leur marche.

La lutte d'artillerie continue toujours, très ardente, dans la partie sud de la Haute-Alsace.

F. B.

Nouvelles diverses publiées par les journaux

— Un attentat vient d'être commis au Caire, contre le gouverneur anglais d'Egypte, le général Maxwell. Un autrichien, qui a été arrêté, a tiré sur lui, sans l'atteindre, cinq coups de revolver. Son aide de camp a été tué.

— Le prince de Galles vient d'être promu lieutenant des grenadiers de la garde. Le prince Albert, deuxième fils du roi d'Angleterre, a rejoint le cuirassé *Collingwood*, à bord duquel il sert en qualité de midshipman.

— Le conseil de guerre de Munich a condamné deux prisonniers de guerre français, le caporal Fossey et le soldat Henon, du 1er d'infanterie, qui avaient tenté de s'évader, le premier à neuf mois, le second à huit mois de prison.

— Une bombe ayant été jetée sur Flessingue (Hollande) par un avion étranger, le gouvernement hollandais a fait hisser son drapeau sur les tours et clochers des communes du Zeeland. Ces drapeaux indiqueront la limite du territoire neutre.

— On apprend de Rome que des avions autrichiens survolent journellement le territoire italien près de Goritzia.

— On télégraphie de Nich (Serbie) que des bandes albanaises, soudoyées par l'Autriche, ont franchi la frontière serbe, dans le district de Prizrend. Les Albanais avancent dans la direction de Zapod, Topoliana et Glavotchnitz et coupent les lignes télégraphiques et téléphoniques.

En Russie. — L'offensive allemande en Prusse orientale a été enrayée par les Russes dans la région de Lyck; sur les autres parties du front, du Niémen à la Vistule, les combats se continuent. Le kaiser et le maréchal von Hindenburg se seraient rencontrés à Insterburg, le 12 février.

Dans les Carpathes, la position des Russes est des plus satisfaisantes.

En Roumanie. — L'anniversaire de l'union des principautés danubiennes a été fêté en Roumanie avec une grande solennité. Les journaux roumains profitent de cette circonstance pour reprendre la thèse de l'intervention dans le conflit européen.

On prétend que l'emprunt bulgare a causé un vif mécontentement dans certains milieux politiques, où on désirait un rapprochement avec la Triple-Entente.

En Serbie. — L'invasion austro-allemande a été retardée par la crue du Danube que l'armée ennemie n'a pas pu franchir. Les Serbes se préparent à la résistance ; le 6 février, ils ont reçu des alliés des canons, des munitions et des vivres que dix transports ont débarqués à Salonique.

Documents historiques, récits et anecdotes

— La vie dans les tranchées. — « *Cache ta tête, Jean-Pierre* ». — On ne s'ennuie pas toujours dans les tranchées. S'il y a de rudes quarts d'heures, il y a aussi de bons moments, ainsi qu'en témoigne la lettre qu'un chasseur alpin bourbonnais vient d'écrire à son frère :

« — Tu sais, nous sommes à 25 ou 30 mètres des Boches, aussi, quand on est touché, c'est en pleine tête. Mais, par contre, il y a de gais moments. Parmi nous, il y a un Parisien qui habitait la même rue qu'un Boche, qui est dans la tranchée en face. Le Parigot a surnommé le boche Jean-Pierre, et, à tout instant, il l'interpelle :

« — Allons, Jean-Pierre, montre la tête et dis à tes camarades de ne pas tirer, nous ne tirerons pas non plus !

« Et Jean-Pierre hisse sa tête par-dessus la tranchée ainsi que le Parigot. Et les voilà tous les deux en grande conversation sur Paris, sur la guerre.

« Chaque matin, il y a un Boche qui sonne le réveil par un formidable cocorico. Ce matin, nous leur avons envoyé les *Montagnards*. A la fin de la chanson, les Boches criaient de tous côtés :

« — Bravo ! Franzosen !

« Puis, quand nos deux Parigots n'eurent plus rien à se dire, notre chasseur cria :

« — Allons, Jean-Pierre, cache ta tête, ça va recommencer !

« Tu vois, c'est assez gai la vie de tranchées... quand il ne fait pas trop froid ! »

— LES VEUVES DE MOBILISÉS TOUCHERONT 563 FRANCS. —
M. Bouveri, député socialiste unifié de Saône-et-Loire, a posé à M. Millerand une question des plus importantes :

— Quelle est la situation des veuves des militaires tués à l'ennemi ?

A cette question, le ministre de la guerre a fait les trois réponses suivantes :

1° Toutes les veuves et tous les orphelins des militaires tués sur le champ de bataille, quel que soit leur grade, qu'il s'agisse de militaires de l'armée active, de réservistes ou de territoriaux, ont droit à une pension viagère ;

2° Cette pension est calculée sur la pension d'ancienneté afférente au grade du mari (moitié du maximum pour les veuves des officiers; trois quarts du maximum pour les veuves des sous-officiers, caporaux, brigadiers ou soldats);

3° La pension des veuves des soldats tués à l'ennemi est de 563 francs.

Dépêches officielles

Premier Communiqué

En Belgique, bombardement de Nieuport-Bains, de nos tranchées, de la Dune et de la ville d'Ypres. Notre artillerie a contrebattu les batteries ennemies.

De la Lys à l'Aisne, canonnades intermittentes.

Près de Noulette, une fraction ennemie qui essayait de se porter vers nos tranchées a été arrêtée net par le feu de notre infanterie.

En Champagne, activité assez intense de l'artillerie ennemie sur notre front devant Reims. La ville a été de nouveau bombardée. Notre tir sur les tranchées allemandes a paru donner de bons résultats.

De l'Argonne à la Moselle, journée calme.

En Lorraine, des forces allemandes se sont portées contre ceux de nos éléments avancés qui occupaient le signal de

Xon (nord-est de Pont-à-Mousson); les résultats du combat ne sont pas encore connus.

En Alsace, l'ennemi a pris l'offensive par la vallée de la Lauch avec deux colonnes s'avançant sur les rives sud et nord de la rivière. La marche de ces troupes a été signalée, retardée et entravée par nos patrouilles de skieurs; elles sont actuellement au contact de notre ligne la plus avancée.

Une violente tempête de neige règne dans les Vosges.

Deuxième Communiqué

De la mer à la Meuse, aucune action d'infanterie n'est signalée.

Duels d'artillerie en Belgique, entre l'Oise et l'Aisne et en Champagne.

En Lorraine, dans la région de Pont-à-Mousson, nous avons contre-attaqué l'ennemi, qui avait occupé Norroy et qui avait pris pied sur la hauteur voisine; la lutte continue.

Aucun nouveau renseignement n'est parvenu sur les opérations dans la vallée de la Lauch, où il s'agit également d'une affaire d'avant-postes.

---

15 FEVRIER 1915

Succès anglais sur la route Béthune-La Bassée. — Violents combats à Bagatelle et Marie-Thérèse. — Une grande bataille est engagée entre Russes et Autrichiens dans les Carpathes.

Situation des armées sur le front occidental

Nous en sommes toujours à la série des actions de détail. Les communiqués en signalent quelques-unes qui ne sont pas sans importance.

La consommation des projectiles d'artillerie semble être considérable dans le Nord et si nous voulons bien nous en rapporter aux spécialistes qui prétendent que la qualité des obus allemands n'est pas aussi bonne qu'au début de la campagne, nous sommes obligés de convenir que la compensation s'établit par la quantité. On nous signale pour la journée d'hier une canonnade ininterrompue en Belgique, sur nos tranchées de la grande dune, et une autre canonnade très vive de la région de Lens jusqu'à Vailly-sur-l'Aisne. Les canonnades de l'ennemi ne nous effraient pas outre mesure et nous lui répondons avantageusement. Elle devrait même nous réjouir si nous avions la certitude des difficultés de réapprovisionnements en matière première dont les Allemands sont menacés.

Les deux opérations offensives tentées par l'ennemi ces deux derniers jours n'ont pas réussi. Celle de Lorraine, sur le signal de Xon et Norroy, a été refoulée dans la journée du 14 février et nos troupes ont repris le terrain perdu, sauf quelques éléments de tranchées sur la pente nord du signal de Xon. Norroy est resté en possession de l'ennemi. Celle des Vosges a eu encore moins de succès, puisqu'elle a été enrayée dès le début. Sur la rive droite de la Lauch, nos chasseurs alpins ont exécuté une très brillante contre-attaque. Quarante alpins et deux officiers, skieurs émérites, dévalèrent en trombe, à une vitesse folle, les pentes rapides du Langenfeldkopf jusqu'aux tranchées des Allemands qui, ahuris, ne s'attendaient pas à une semblable attaque et il s'en suivit un terrible corps à corps contre une troupe supérieure en nombre mais qui fut quand même réduite à merci.

On s'attend à ce que la Haute-Alsace devienne bientôt le théâtre de violents combats.

F. B.

Nouvelles diverses publiées par les journaux

— Le gouvernement italien ayant été informé que l'Autriche se préparait à envahir le territoire roumain, a demandé aux gouvernements de Vienne et de Berlin de lui donner l'assurance que l'Autriche et l'Allemagne ne voulaient rien entreprendre contre la Roumanie. Cette assurance a été donnée à l'Italie.

— Un combat aérien a eu lieu hier, 14 février, entre un zeppelin et des avions français. Le zeppelin venait de la Forêt-Noire et se dirigeait sur Belfort. Il rencontra au sud de Mulhouse plusieurs avions français et le combat s'engagea. Pendant 40 minutes, les adversaires ne cessèrent de tirer. Les aéroplanes manœuvraient pour dominer le zeppelin et ils allaient réussir lorsque le zeppelin s'éloigna à toute vitesse dans la direction du Nord.

— On signale l'apparition d'avions allemands sur Pont-à-Mousson et Dombasle; ils ont jeté des bombes sur ces localités dans la journée d'hier; ils ont causé des dégâts matériels peu importants.

— Un aviateur allié a jeté des bombes sur le camp militaire de Deutz, près de Cologne.

— Un hydravion allemand, parti d'Héligoland, a capoté dans la nuit du 14 au 15 février, au large de l'île Mano (mer du Nord); les aviateurs ont été recueillis par des pêcheurs.

— Le boucher Kenpf, de Feurette (Alsace), a été arrêté par les autorités allemandes pour avoir dit : « Dans trois mois, nous serons en République : les Français seront venus. »

— L'échange des prisonniers dangereusement blessés entre les puissances belligérantes doit commencer aujourd'hui 15 février. Il se fera à nombre égal, par la Suisse entre l'Allemagne et la France et par mer entre l'Allemagne et l'Angleterre.

— On annonce que M. Georges Bourgeois, aide-major,

s de M. Léon Bourgeois, ancien président du conseil, qui vait été dangereusement blessé à la frontière belge, est ctuellement à l'hôpital militaire de Rouen. Son état s'est méliéré.

En Russie. — Des combats opiniâtres se livrent de la Prusse orientale aux frontières de Roumanie. En Prusse orientale, dans la région de Lyck, les combats sont violents; plus au Nord, les troupes russes se replient devant de grosses forces allemandes sur la ligne fortifiée du fleuve Mémel. Devant Varsovie, lutte active d'artillerie. Dans les Carpathes, des combats acharnés, favorables aux Russes, se livrent journellement. En Bukovine, les Russes, après s'être retirés de Kempolung vers le Nord, ont attendu l'attaque des Austro-Allemands. Aux dernières nouvelles, les Russes repoussent l'ennemi sur trois points, la neige seule les empêche de progresser. Dans certaines régions, le froid atteint 20° au-dessous de zéro.

Documents historiques, récits et anecdotes

— LES PÈRES DE SIX ENFANTS RATTACHÉS A LA CLASSE 1887. — M. Millerand, ministre de la guerre, a adressé la circulaire suivante aux chefs de corps :

« Pour répondre aux vœux justifiés qui ont été émis à plusieurs reprises et qui se sont récemment traduits par des propositions d'initiative parlementaire, j'ai décidé que, *pendant la durée de la guerre*, et quelle que soit l'époque à laquelle ils ont déclaré ou déclareront leur situation de famille, les pères d'au moins six enfants seraient uniformément rattachés à la classe 1887 et en suivraient le sort, tant au point de vue de l'appel sous les drapeaux que de l'envoi sur le front.

« Doivent, en conséquence, être momentanément renvoyés dans leurs foyers les pères de six enfants présents dans les dépôts et formations de l'intérieur. Toutefois, comme il importe de ne pas créer d'inégalité entre les hommes ayant les mêmes charges, cette libération n'aura lieu qu'après le retour à leur dépôt des pères de six enfants en service aux armées, retour qui est actuellement décidé. La date de cette libération provisoire vous sera indiquée incessamment.

« Par ailleurs, il m'a été signalé que certains pères de six enfants domiciliés dans les régions envahies étaient hors d'état de produire au recrutement, pour justifier de leur situation, les pièces réglementaires exigées par l'article 21 de l'instruction du 20 juin 1910 (extrait de naissance des enfants, certificat du maire constatant qu'ils sont tous vivants ou l'ont été simultanément), et que les mobilisés dont le sixième enfant est né depuis le début de la guerre éprouvaient quelques difficultés à fournir ces mêmes pièces : des instructions vous seront très prochainement adressées en vue de faciliter à ces hommes la preuve qu'ils doivent faire à l'appui de leur déclaration.

« Je vous prie de vouloir bien porter les dispositions qui précèdent à la connaissance des autorités intéressées. »

« A. MILLERAND. »

Dépêches officielles

Premier Communiqué

En Belgique, bombardement ininterrompu de nos tranchées de la Dune; notre artillerie lourde a pris à partie les mortiers de l'ennemi.

Nous avons enlevé sur environ 250 mètres une tranchée établie contre la route Béthune-La Bassée.

Canonnade très vive dans la région de Lens, autour d'Albert, entre l'Avre et l'Oise, aux environs de Soissons et à Verneuil (nord-est de Vailly).

Dans l'Argonne, vers Bagatelle et Marie-Thérèse, la lutte est toujours très vive de tranchée à tranchée, mais aucune action d'infanterie n'a été engagée.

Entre Argonne et Meuse, une tentative d'attaque allemande entre le village et les bois de Malancourt a été immédiatement arrêtée.

En Lorraine, l'ennemi après avoir refoulé notre grand'garde, avait réussi à occuper la hauteur du signal de Xon et le hameau de Norroy. Il a été repoussé par une contre-attaque jusque sur les pentes nord du signal où il s'est encore maintenu dans quelques éléments de tranchées.

Dans les Vosges, l'offensive allemande qui s'était manifestée sur les deux rives de la Lauch n'a pas été poursuivie hier. Sur la rive sud l'ennemi a seulement canonné nos positions; sur la rive nord les Allemands demeurent arrêtés devant notre ligne avancée (Langenfeldkopf-bois de Remspach). Nos skieurs ont exécuté une très brillante contre-attaque sur les pentes du Langenfeldkopf. Une tourmente de neige s'est élevée dans l'après-midi.

Deuxième Communiqué

On signale seulement quelques actions heureuses de notre artillerie.

Près de Poelcappelle (nord-est d'Ypres), une batterie ennemie a été réduite au silence.

A Beaurains (sud d'Arras), des tranchées allemandes ont été détruites.

Aux environs de Soissons, ainsi que dans la région de Perthes, des ouvrages et des rassemblements ennemis ont été canonnés efficacement.

16 FEVRIER 1915

Combats importants et succès anglais vers Saint-Eloi. — Des avions français bombardent le parc d'aviation de Ghistelles. — Le steamer anglais « Dulwich » est coulé par un sous-marin allemand, dans la Manche. — Les combats continuent en Champagne sur le front Perthes-Beauséjour.

Situation des armées sur le front occidental

Le regain d'activité signalé depuis quelques jours en Argonne subsiste toujours, quoique les combats engagés paraissent moins violents. Dans la journée du 15 et dans la matinée du 16 février, on relate sur l'ensemble du front une série d'actions d'infanterie qui sont toutes à l'avantage des alliés.

Dans le Nord, à Saint-Eloi, entre Ypres et Lille, les Anglais ont reconquis les tranchées qu'ils avaient abandonnées la veille et ces tranchées sont restées ensuite en leur possession, malgré de nombreuses et violentes contre-attaques qui se sont renouvelées pendant la soirée du 15 et la matinée du 16 février.

Sur le front horizontal, de Reims au nord de Pont-à-Mousson, des combats ont eu lieu près de Loivre, dans le secteur de Reims, où nous avons progressé légèrement; au nord-ouest de Perthes et au nord de Beauséjour, en Champagne, où nous avons enlevé des tranchées allemandes sur un front de 3 kilomètres, au nord-est de Pont-à-Mousson, dans le bois le Prêtre, dont il n'avait plus été question depuis quelques jours, et où nous nous sommes emparés de plusieurs blockhaus.

En Argonne, le combat continue toujours, soit au moyen

de grenades, jetées d'une tranchée à une autre, soit par des attaques d'infanterie. Dans la matinée du 16 février, une véritable bataille s'est engagée sur le front qui s'étend du Four-de-Paris jusqu'à l'ouest de Boureilles ; l'action paraît être favorable aux Français, qui résistent énergiquement aux efforts que fait l'ennemi pour se dégager de l'étreinte qui se resserre continuellement.

Sur le reste du front, c'est la lutte de l'artillerie qui se continue sans interruption, notamment en Belgique où se préparent, paraît-il, de grosses opérations d'infanterie.

F. B.

Nouvelles diverses publiées par les journaux

— Des avions français ont survolé Strasbourg, le 14 février, causant en ville une véritable panique.

— Deux aéroplanes autrichiens ont survolé, le 15 février, la résidence du roi de Monténégro, à Ricka ; ils n'ont causé aucun dommage.

— Quatre aéroplanes allemands ont lancé, hier, quatorze bombes sur des pêcheurs, au large de Dunkerque. Aucun pêcheur n'a été atteint.

— Comme suite à l'incident diplomatique signalé hier entre la Grèce et la Turquie, M. Panas, ministre de Grèce, a quitté hier Constantinople.

— On annonce du Havre que dans la nuit du 15 au 16 février un sous-marin allemand a torpillé et coulé, au large de la côte d'Etretat, le vapeur charbonnier anglais *Dulwich*, qui venait de Hull avec un chargement de charbon pour Rouen. L'équipage a été recueilli par le contre-torpilleur français *Arquebuse*.

— Le général Pau, se rendant en Russie, est arrivé le 15 février à Athènes, où il lui a été fait une réception enthousiaste.

— On apprend de Constantinople que le prince Bourhan ed Dine, fils préféré du sultan détrôné Abdul-Hamid, a été étranglé dans la casemate où il était retenu prisonnier depuis le début de la guerre, au fort d'Angora.

— On annonce de Copenhague qu'en raison de l'attitude des États-Unis dans la question du blocus allemand, les citoyens américains sont insultés ouvertement en Allemagne, dans les rues, les théâtres et les établissements publics.

— On annonce également de Copenhague que la Banque danoise insiste pour obtenir de la Banque allemande le remboursement en or des billets de banque allemands qu'elle possède. Elle a obtenu ainsi livraison de 20 millions de marks en or.

— Les autorités danoises ont saisi, à bord du vapeur *Carmen-of-Koege*, 100 barils de cuivre destinés à un manufacturier allemand.

— Le consortium des couteliers de Thiers vient de recevoir d'Angleterre une commande de 500.000 rasoirs destinés à remplacer ceux que possèdent les soldats anglais et qui portaient en grand nombre la marque « Made in Germany ».

En Russie. — Les événements paraissent se précipiter sur le front oriental. Les Russes sont assaillis par des forces considérables sur l'ensemble du front. Ils résistent victorieusement en Pologne et dans les Carpathes, mais ils se replient à l'aile droite, en Prusse orientale, et à l'aile gauche, en Bukovine.

En Serbie. — L'incursion albanaise est enrayée.

Documents historiques, récits et anecdotes

— UN BEAU FAIT D'ARMES DES CHASSEURS ALPINS. — *La prise de la cote 937.* — La prise récente en Alsace de la cote 937 fut un très gros succès pour les chasseurs alpins qui n'en sont plus à compter leurs exploits.

La position 937 était naturellement très forte et les Allemands étaient persuadés que jamais les Français ne viendraient les chercher jusque-là. Ils le firent pourtant et sans éprouver de pertes importantes.

Profitant d'une violente tempête de neige dont les tourbillons formaient un véritable rideau entre les combattants, les chasseurs alpins s'avancèrent en rampant sur le flanc de la côte 937. Tous les 20 ou 30 mètres, chaque homme se creusait un trou en attendant qu'une nouvelle bourrasque permit d'avancer. Les Français arrivèrent ainsi jusqu'à la ligne allemande.

Surpris, les Allemands lâchèrent pied et se replièrent en hâte dans la direction de Wittelsheim.

Le lendemain, à l'aube, toute la crête 937 était garnie de fils de fer barbelés. Le génie français avait, dans la nuit, creusé de nouveaux retranchements, rendant la position telle que les Allemands devraient sacrifier de nombreux hommes pour tenter de la reprendre.

Dépêches officielles

Premier Communiqué

Les troupes britanniques ont repris hier les deux éléments de tranchée qu'elles avaient perdus la veille entre Saint-Eloi et le canal d'Ypres.

Sur le front des armées françaises la journée du 15 a été calme dans son ensemble.

Il n'est pas signalé d'actions d'infanterie et on confirme les succès particulièrement importants de notre artillerie.

Deuxième Communiqué

Sur tout le front, la journée du 16 nous a été favorable.

En Belgique, combat d'artillerie.

Une escadrille française a bombardé un parc d'aviation allemand à Ghistelles. Une escadrille anglaise a bombardé Ostende.

Au sud d'Ypres, l'armée britannique est maîtresse d'un

certain nombre de tranchées où s'était déroulé depuis deux jours un combat assez vif.

Entre l'Oise et l'Aisne, près de Bailly, tir très efficace de notre artillerie sur des rassemblements, des convois automobiles et des lance-bombes.

Dans le secteur de Reims nous avons progressé près de Loivre.

En Champagne, sur le front qui s'étend du nord-ouest de Perthes au nord de Beauséjour, nous avons enlevé environ trois kilomètres de tranchées allemandes et fait plusieurs centaines de prisonniers, parmi lesquels cinq officiers.

En Argonne, actions d'infanterie depuis le Four-de-Paris jusqu'à l'ouest de Boureuilles; le combat continue dans de bonnes conditions.

Au nord-ouest de Pont-à-Mousson, nous avons enlevé dans le bois Le Prêtre plusieurs blockhaus ennemis.

Le 19ᵉ fascicule paraîtra incessamment.

Réclamer les fascicules précédents.

NIORT. — IMP. TH. MARTIN

www.ingramcontent.com/pod-product-compliance
Lightning Source LLC
LaVergne TN
LVHW021725080426
835510LV00010B/1147